AF465311

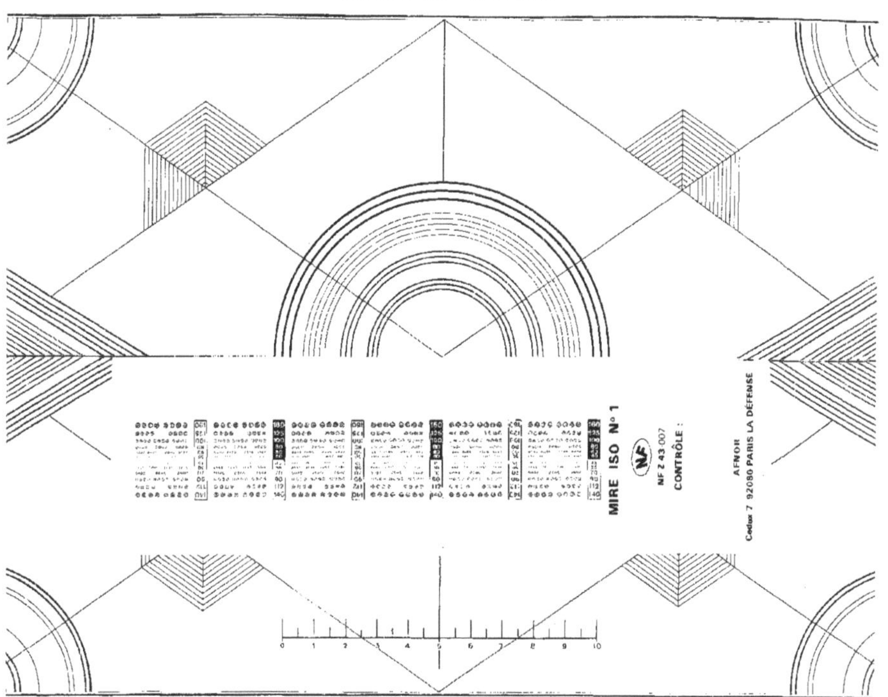
MIRE ISO N° 1
NF Z 43-007
CONTRÔLE :
AFNOR
Cedex 7 92080 PARIS LA DÉFENSE

CONSTITUTION

DE

L'ANGLETERRE.

Ponderibus librata suis. . . . .

OVID. Metamorph. V. 13.

NOUVELLE EDITION, REVUE ET CORRIGÉE PAR L'AUTEUR.

A AMSTERDAM,

CHEZ E. VAN HARREVELT.

MDCCLXXIV.

A MYLORD

COMTE D'ABINGDON,

PAIR D'ANGLETERRE.

MYLORD,

SI le Public ne ſavoit pas, malheureuſement, que c'eſt un Auteur, lui-même, qui dédie ſon ouvrage, votre nom, à la tête de celui-ci, en eût aſſuré le ſuccès. Cependant, vos vertus privées, votre amour raiſonné de la Liberté, & votre eſprit étendu qui vous la fait voir, non dans les prérogatives de telle ou telle partie du Gouvernement, mais dans l'équilibre de toutes; ces choses, dis-je, connues du Public, inspireront du moins un préjugé favorable. La prudence, ainsi que mes sentimens particuliers, exigeoient donc cette dédicace: le service que vous voulûtes rendre à ma patrie, y engageoit encore ma reconnoissance.

J'ai l'honneur d'être avec respect,

MYLORD,

Londres le 24
Décemb. 1770.

Votre très humble & très obéissant Serviteur

DE LOLME.

CONSTITUTION DE L'ANGLETERRE.

INTRODUCTION.

L'ESPRIT de Philoſophie qui diſtingue particuliérement ce ſiecle, après avoir guéri de beaucoup d'erreurs funeſtes à la ſociété, ſemble ſe tourner actuellement du côté du principe de la ſociété elle-même; & l'on voit ſe diſſiper généralement des préjugés, d'autant plus difficiles à ſecouer, qu'il eſt plus dangereux de les attaquer. Cette liberté de penſer, avant-coureur néceſſaire de la liberté politique, m'a fait regarder comme une choſe qui ſeroit agréable au Public, de lui faire connoître une Conſtitution ſur laquelle chacun ſemble tourner aujourd'hui les yeux; & qui, quoique célébrée partout comme un modele, eſt cependant très peu connue.

L'on accuſera, je prévois, de témérité, l'entrepriſe d'un homme qui, ayant paſſé la plus grande partie de ſa vie hors de l'Angleterre, prétend pouvoir donner une idée de ſon gouvernement, c'eſt-à-dire, d'une choſe qui paſſe pour extrêmement compliquée, & dont les miſteres ſemblent ne pouvoir être dévoilés, que par ceux qui y ont été initiés dès leur enfance.

Mais, quoiqu'étranger en Angleterre, né d'un autre côté dans un pays libre, je ne ſuis point étranger aux choſes qui établiſſent ou caractériſent la liberté; & l'extrême diſproportion de la République dont je ſuis membre, & où j'ai puiſé mes principes, n'a fait, peut-être, que rendre mon apprentiſſage plus facile.

Comme le Géometre, pour découvrir les rapports qu'il cherche, commence par délivrer ſon *équation* des *coëfficiens* & autres nombres qui l'embarraſſent, ſans la conſtituer proprement; de même il peut être avantageux à celui qui recherche les cauſes qui produiſent l'équilibre d'un Gouvernement, de les avoir étudiées, dégagées de cet appareil de flottes, d'armées, de commerce extérieur, de poſſeſſions vaſtes & éloignées; en un mot, de toutes ces grandes choſes qui changent ſi fort la face d'une ſociété puiſſante, mais qui n'influent point eſſentiellement ſur ſon principe.

C'eſt ſur les paſſions de l'homme, c'eſt-à-dire, ſur des cauſes inaltérables, qu'eſt fondé le jeu des diverſes parties d'un Etat: les dimenſions peuvent changer, mais ce ſont toujours, au fond, les mêmes mobiles, les mêmes reſſorts; & ce ne ſauroit être un tems perdu, que celui qui a pu être donné à les voir agir en petit.

J'ajouterai même une choſe; c'eſt que la qualité d'étranger, priſe en elle-même, peut procurer, dans un cas comme celui ci, une ſorte d'avantage. Ouvrant les yeux, pour ainſi dire en venant au monde, ſur leur liberté, les Anglois ſont, peut-être, trop familiariſés avec ſa jouiſſance, pour en rechercher fortement les cauſes. Connoiſſant leur gouvernement, long-tems avant de l'avoir médité, & cette connoiſſance étant lente & ſucceſſive, il ne fait point à la fin ſur eux une certaine ſenſation; & ils me paroiſſent être, à cet égard, comme un homme qui, ayant toujours habité l'intérieur d'un Palais, auroit été dans la poſition la plus déſavantageuſe pour en connoître l'enſemble, & n'auroit jamais éprouvé l'effet du coup d'œil; ou, ſi l'on veut, comme celui qui, ayant toujours eu devant lui un bel & grand ſpectacle, le verroit toujours de ſens froid.

Mais un étranger voyant ſe développer, toutes à la fois, les parties d'une Conſtitution qui, en même-tems qu'elle porte la liberté à ſon comble, prévient ce qui ſembloit en être les inconvéniens inévitables; voyant en un mot s'exécuter, tout à coup, des choſes qu'il avoit regardées, juſques-là, comme beaucoup plus déſirables que poſſibles, il eſt frappé: or il faut être frappé pour éprouver cette ſorte de plénitude, qui fait qu'on ſaiſit un principe général.

Je ne fais point au reſte ces obſervations, pour inſinuer que j'ai mieux vu, que d'autres, la Conſtitution de l'Angleterre: j'ai voulu ſeulement prévenir un préjugé défavorable, mais naturel; & ſi, dans ce que je dirai, ſoit des cauſes qui ont produit la liberté Angloise, soit de celles qui la maintiennent aujourd'hui, il se trouve des choses qui n'aient pas encore été observées, j'espere que les Anglois qui verront cet Ecrit ne les condamneront, qu'autant qu'elles ne se trouveront conformes, ni à ce qui se passe sous leurs yeux, ni à leur histoire; & que mes lecteurs, en général, ne jugeront des principes que je pose, que d'après leur rapport avec la nature de l'homme: considération qui est presque la seule essentielle, & qui a été trop négligée par ceux qui ont écrit en matière de Gouvernement.

CHAPITRE I.

Causes de la Liberté de la Nation Angloise, & raisons de la différence qui se trouve entre son Gouvernement & celui de la France.

LORSQUE les Romains, attaqués de tous côtés par les barbares, furent réduits à défendre le centre même de leur Empire, ils abandonnerent la grande Bretagne, ainsi que diverses autres provinces éloignées. L'Isle, laissée à elle-même, devint la proie des peuples qui habitoient les bords de la Mer Baltique: après en avoir détruit les anciens habitans, & s'être longtems entre-détruits les uns les autres, ils établirent dans la partie méridionale, nommée depuis Angleterre, diverses souverainetés, qui furent ensuite, sous Egbert, réunies en une seule.

Les successeurs de ce Prince, appellés les Princes Anglo-Saxons, & parmi lesquels on remarque surtout Alfred le grand & Edouard le Confesseur, regnerent pendant environ deux cent quarante années: mais, quoiqu'on ait des connoissances assez exactes, sur les grands événemens de cette premiere partie de l'histoire d'Angleterre, on n'en a que de très vagues, sur le gouvernement que ces diverses nations introduisirent.

Il paroît qu'il n'avoit gueres de rapport, avec la Constitution actuelle, que le rapport général & commun à tous les Gouvernemens qu'ont établi les peuples du Nord, d'avoir un Roi & un Corps de Noblesse: „ & les monumens qui en restent ne sont," pour me servir des expressions du Chevalier Temple, „ que comme ces peintures antiques & effa„ cées, qui retracent, à la vérité, quelque chose „ des coutumes anciennes, mais qui ne présentent, „ ni lignes, ni proportions déterminées (*a*)."

C'est à l'époque de la Conquête qu'il faut chercher les véritables fondemens de la Constitution d'Angleterre. „ Dès-lors, " dit Spelman, „ un nouvel or„ dre de choses commence:" Guillaume de Normandie, ayant défait Harold & s'étant saisi de la Couronne, renversa l'ancien édifice de la législation Saxone; il extermina ou chassa ceux qui possédoient les terres, pour les distribuer à ceux qui l'avoient suivi; & il établit le gouvernement féodal, comme plus convenable à sa position, & le seul, d'ailleurs, dont il eut l'idée.

Ce gouvernement étoit aussi celui de presque tout le reste de l'Europe. Mais, au lieu qu'il avoit été transporté en Angleterre violemment & tout à coup, il ne s'étoit développé ailleurs, & particuliérement en France, que par une longue suite d'événemens; & cette différence devoit avoir, avec le tems, des conséquences aussi importantes que peu faciles à prévoir.

Les peuples de Germanie qui passerent le Rhin, pour subjuguer les Gaules, étoient des peuples ex-

(*a*) Introduction à l'histoire d'Angleterre.

trêmement indépendans: leur Prince n'avoit de titre que sa valeur & leur suffrage: &, n'ayant acquis dans leurs forêts que des notions peu étendues de l'autorité, ils suivoient un Chef, moins comme sujets, que comme associés à la conquête.

De plus, cette conquête ne fut pas l'irruption d'une armée qui ne s'empare que des places fortes; ce fut l'invasion d'une nation qui se transplante: & les vainqueurs, se trouvant en très grande proportion avec les peuples vaincus, qu'une longue paix avoit, d'ailleurs, énervés, le danger finit avec l'expédition; l'union finit aussi avec lui; ils se séparerent en se partageant les terres qui leur convinrent: &, quoique leur possession fût précaire dans l'origine, à cet égard, cependant, ils ne dépendoient point du Roi, mais de l'assemblée de la nation (*a*).

Sous les Rois de la premiere race, les fiefs, par la connivence réciproque des Chefs, devinrent d'abord annuels, ensuite à vie. Sous les descendans de Charlemagne, ils commencerent à devenir héréditaires (*b*). Et enfin, lorsque Hugues Capet se fit élire au préjudice de Charles de Lorraine, voulant rendre la Couronne, qui au fonds étoit un fief, hé-

(*a*) Les fiefs furent originairement appellés, *terræ jure beneficii concessæ*, & ce ne fut que sous Charles le Gros que l'on commença à se servir du mot de fief. *Glossaire de du Cange. V. Beneficium.*

(*b*) *Apud Francos verò, sensim pedetentimque, jure hæreditario ad hæredes subinde transierunt feuda; quod labente sæculo nono incipit.* Du Cange. *V. Feudum.*

réditaire dans sa famille (*a*), il établit, comme un principe général, l'héréditarité des fiefs; &, c'est à cette époque, que les auteurs fixent l'entier établissement du droit féodal en France.

D'un autre côté, les Seigneurs qui donnerent leur suffrage à Hugues Capet, ne le lui donnerent pas gratuitement. Ils acheverent de rompre les foibles liens qui les retenoient à l'autorité royale & se rendirent de tous côtés indépendans. Ils ne laisserent au Roi aucune jurisdiction, soit sur eux, soit sur leurs Vassaux. Ils s'attribuerent le droit de faire la guerre entr'eux; ils se réserverent, même, dans certains cas, de la faire au Roi lui-même. Et si Hugues Capet, en rendant la Couronne héréditaire, jetta les fondemens de la grandeur de sa famille & de la Couronne elle-même; pour sa grandeur propre il fit très peu, & n'acquit gueres qu'une supériorité nominale sur les Souverains dont la France étoit couverte (*b*).

Mais l'établissement du droit féodal, & la conquête, ne firent en Angleterre qu'une seule & même

---

(*a*) Hotoman a prouvé sans replique dans sa *Francogallia*, que, sous les deux premieres races, le Royaume de France étoit électif. Les Princes de la famille régnante n'avoient pour eux que l'habitude où l'on étoit de les choisir.

(*b*) „ Les Grands du Royaume, dit Mezeray, croyoient que „ Hugues Capet devoit souffrir toutes leurs insultes, parce qu'ils „ lui avoient mis la Couronne sur la tête: & leur licence étoit si „ grande, qu'ayant écrit à Audebert, Vicomte de Périgueux, „ qu'il eut à lever le siege qu'il avoit mis devant Tours, & lui „ demandant, comme par reproche, qui étoit celui qui l'avoit fait „ Vicomte, il répondit fiérement: *Ce n'est pas vous, mais ceux* „ *qui vous ont fait Roi.*"

époque. Cette conquête, d'ailleurs, s'étant faite par un Prince soudoyant lui-même la plus grande partie de son armée, & à la tête d'un peuple dont il étoit le Souverain héréditaire, cela donna au Gouvernement de ce Royaume une tournure bien différente.

Environné d'une Nation, vaincue à la vérité, mais belliqueuse, Guillaume retint sous le drapeau une partie de ses soldats. Les Anglois &, après eux, les Normands eux-mêmes, s'étant révoltés, il les écrasa: & le nouveau Roi d'Angleterre, à la tête de troupes victorieuses, ayant à faire à deux Nations ennemies, contenues l'une par l'autre & également accablées par le sentiment de leur résistance malheureuse, se trouva dans la position la plus favorable, pour se rendre Monarque absolu; & ses loix, promulgées, pour ainsi dire, au milieu de la foudre & des éclairs, imposerent un joug despotique sur les vainqueurs & sur les vaincus.

Il distribua l'Angleterre en soixante mille deux cent quinze fiefs simples, tous relevant de la Couronne: les possesseurs devoient, au premier signal, se rendre en armes auprès de lui, à peine de confiscation: il soumit, non-seulement, le peuple, mais, de plus, les Seigneurs, à toutes les rigueurs du droit féodal. Il les comprit même dans ses tyranniques loix de forêt. (*a*)

(*a*) Il s'étoit réservé un droit exclusif de chasse dans toute l'Angleterre, & il décerna des peines terribles contre quiconque chas-

Il s'attribua le droit d'imposer des taxes. Il se réserva en entier le pouvoir exécutif. Mais, ce qui fut de la plus grande conséquence, il s'arrogea le pouvoir judiciel le plus étendu, par l'établissement du Tribunal qu'on appella *Aula Regis*: Tribunal redoutable! qui recevoit les appels de toutes les Cours des Barons; qui jugeoit en dernier ressort, des biens, de l'honneur & de la vie des Barons eux-mêmes; &, qui n'étant composé que des grands Officiers de la Couronne, amovibles à la volonté du Roi, & ayant le Roi lui-même pour président, tenoit sous sa main le premier Seigneur du Royaume, comme le dernier des sujets.

Ainsi, tandis que, par une suite du développement lent & successif du Gouvernement féodal, le Royaume de France ne fut, à la fin, qu'un assemblage de piéces, posées les unes à côté des autres, & sans adhérence mutuelle; celui d'Angleterre, au contraire, par une suite de la transplantation subite & forcée de ce même droit, se trouva composé de parties liées par les plus fortes attaches; & l'autorité royale, comme un poids immense, achevoit par sa pression d'en faire un tout indissoluble.

C'est à cette différence dans la Constitution originelle de la France & de l'Angleterre, c'est-à-dire,

---

seroit sans en avoir reçu la permission. La suppression, ou, du moins, l'adoucissement de ces peines, fut un des articles de la Charte de forêt que les Seigneurs obtinrent ensuite à main armée. *Nullus de cetero, amittat vitam vel membra, pro venatione nostrâ.* Charta de forestâ. Art. 10.

dans la puissance originelle de leurs Rois, qu'il faut attribuer la différence, si peu analogue à sa cause, de leur Constitution actuelle. C'est elle qui donne la solution d'un problême, qui, je l'avoue, m'a long-tems peiné, & qui explique pourquoi, de deux peuples limitrophes, presque sous le même climat & ayant une origine commune, l'un a atteint le comble de la liberté; l'autre s'est successivement assujetti sous la Monarchie la plus absolue.

En France, l'autorité royale étoit, à la vérité, presque nulle; mais la liberté générale n'en fut pas plus grande. Les Seigneurs étoient tout, & la nation elle-même étoit comptée pour rien. Toutes ces guerres que l'on fit au Roi, n'avoient point pour objet une liberté dont les Chefs ne jouissoient déjà que trop, & n'étoient que l'effet d'ambitions, ou, même, de fantaisies particuliéres. Les peuples n'y marchoient pas comme associés à une défense commune; ils y étoient traînés en esclaves & à l'aveugle. Et les loix, en vertu desquelles leurs maîtres étoient vassaux, n'ayant aucun rapport avec celles en vertu desquelles ils étoient eux-mêmes sujets, la résistance dont ils étoient les instrumens n'avoit point en leur faveur de conséquence avantageuse, & n'établissoit pas de principe dont il existât pour eux aucun cas d'application.

La Noblesse subalterne, participant à l'indépendance de la grande, & venant joindre ses vexations au despotisme de tous ces divers Souverains, les sujets, accablés de misere & lassés de souffrir, essayoient quelquefois de fe foulever. Mais, fe trouvant distribués dans tant d'Etats différens, ils ne fe rencontroient jamais bien, foit dans la nature, foit dans le tems de leurs plaintes : les infurrections, qui euffent dû être générales, n'étoient jamais que particuliéres ; & les Seigneurs fe réuniffant pour venger la caufe commune des maîtres, & tombant avec avantage fur des hommes divifés, les peuples étoient remis fous le joug, forcément & en détail ; & la liberté, ce fruit précieux, qui demande le concours continué de tant de circonftances, étoit par-tout étouffée avant que de naître (*a*).

Lorfqu'enfin, par des conquêtes, des échutes, ou des traités, les différentes provinces vinrent fe jetter dans le vafte réfervoir de la Monarchie, elles y arriverent toutes dreffées à obéir. Le peu de privileges que les villes avoient confervés, furent peu refpectés par un Souverain qui n'avoit pas pris lui-même d'engagement : &, les réunions s'étant faites dans des tems différens, le Roi fe trouvoit en état d'accabler la province qu'il recevoit, du poids de toutes celles qu'il avoit déjà.

Par une autre fuite de cette différence dans le tems des réunions, les diverfes parties du Royaume ne penfoient pas même à s'entr'aider : quand l'une récla-

(*a*) On peut voir dans Mezeray, comment les Flamands, lors de la grande révolte qui fut caufée, dit-il, „ par la haine impitoyable „ des Gentilshommes contre les Gantois," furent accablés par la réunion de prefque tous les Seigneurs de France. *Mezeray, Regne de Charles VI. Roi LII.*

moit ses droits, l'autre, depuis long-tems soumise, avoit déjà oublié les siens. Ces droits, d'ailleurs, par la différence des dominations précédentes, étant presque partout différens, ce qui se passoit dans un lieu avoit peu de rapport avec ce qui se passoit dans un autre; l'esprit de concert se perdoit, ou plutôt n'avoit jamais existé; les diverses provinces, forcées chacune dans son enceinte, ne servoient qu'à s'assujettir; & les mêmes causes qui avoient établi une soumission extrême chez cette nation belliqueuse, vive, & si peu faite pour porter le joug, concouroient encore à l'y maintenir.

La liberté se perdit donc en France, parce qu'elle y fut mal disposée. Plantée, pour ainsi dire, près de la surface, elle se développa d'abord & jetta quelques grosses branches; mais, n'ayant pas poussé de racines, elle fut bien-tôt arrachée. En Angleterre, au contraire, la semence placée à une grande profondeur, recouverte d'une énorme masse, parut d'abord étouffée: mais elle en déploya de nouvelles forces; elle pompa une nourriture plus riche & plus abondante; les sucs furent mieux assimilés; & elle pénétra & remplit de ses racines toute l'épaisseur du terrein. Ce fut l'immense pouvoir du Roi qui rendit l'Angleterre libre, parce que ce fut cette immensité même qui y fit naître l'esprit d'union & d'une résistance raisonnée. Possédant de vastes domaines, le Roi se voyoit indépendant; y joignant les plus redoutables prérogatives, il écrasoit sans peine les Seigneurs les plus puissans: ce ne fut donc que par de nombreuses

& étroites confédérations que ceux-ci purent résister; ils furent même obligés d'y associer les peuples & de les appeller à la liberté.

Rassemblés avec leurs vassaux, dans ces vastes Halles où ils exerçoient l'hospitalité; manquant des amusemens des nations plus civilisées; parlant d'ailleurs volontiers de ce dont ils étoient pleins, la conversation tomboit souvent sur l'injustice des impositions, sur la tyrannie des jugemens, & surtout, sur les odieuses loix de forêt. N'ayant pas la ressource, ou, plutôt, dédaignant de chicaner sur un texte qui étoit précis, ils étoient conduits naturellement à remonter aux principes: ils s'enquéroient des fondemens de l'autorité parmi les hommes; & ils se convainquoient que le pouvoir, lorsqu'il n'a pas pour but le bonheur de ceux qui y sont soumis, n'est autre chose que le droit du plus fort, & peut être réprimé par un droit pareil.

Les différens ordres du gouvernement féodal se trouvant liés les uns aux autres par des *tenures* exactement semblables, ce qui étoit vrai vis-à-vis du Seigneur suzerain en faveur d'un Seigneur *dominant*, étoit vrai vis-à-vis de celui-ci en faveur du Seigneur d'un fief *servant*: les mêmes maximes s'appliquoient au Seigneur de l'arriere-fief; elles descendoient à l'homme franc & à l'habitant de la campagne; & l'esprit de liberté, après avoir circulé par les diverses branches de la subordination féodale, continuoit à couler par des canaux graduels, mais homogenes; il se forçoit un passage jusques dans les derniéres ramifications; & l'on voyoit s'établir généralement le principe de l'égalité primitive. Principe sacré, que l'injustice & l'ambition ne sauroit détruire: principe existant dans le fonds de tous les cœurs, & qui ne demande qu'à être réveillé chez la partie nombreuse & opprimée de l'Humanité.

Mais lorsque les Seigneurs, qu'une origine commune avec le Roi avoit d'abord fait ménager, commencerent à ne l'être plus; lorsque les loix tyranniques du Conquérant s'exécuterent d'une maniere plus tyrannique encore, l'union que le malheur commun avoit préparée, tout-à-coup s'effectua. Le Seigneur, le vassal, l'arriére-vassal, tout se réunit. Ils implorerent même le secours de l'habitant de la campagne; & la haine orgueilleuse qui transportoit ailleurs la noblesse contre les mains cultivatrices qui la nourrissoient, fut obligée de fléchir sous le poids qui l'accabloit.

Les peuples, d'un autre côté, savoient que la cause qu'ils étoient appellés à défendre, étoit une cause commune: ils savoient de plus qu'ils en étoient les soutiens nécessaires; ils sentirent donc toute leur importance. Mais, ce qui étoit bien essentiel, ils furent assez éclairés pour en profiter; ils surent parler & stipuler en leur faveur; ils exigerent que la loi protégeât désormais tous les individus; & ces droits, contre lesquels les Seigneurs s'adossoient pour faire face à la tyrannie, devinrent les palissades qui devoient un jour arrêter la leur.

C'eſt ſous Henri premier, environ quarante ans après la conquête, qu'on voit les cauſes ci-deſſus indiquées commencer à ſe mettre en jeu. Ce Prince, parvenu au Trône en vertu d'un titre plus que douteux, (a) ſentit qu'il ne pouvoit ſe ſoutenir qu'en gagnant l'affection; mais il ſentit en même tems que c'étoit de celle de toute la nation qu'il s'agiſſoit; &, non-ſeulement il adoucit à l'égard des Seigneurs quelques-unes des rigueurs du droit féodal, mais il ajouta, pour condition, que ce qu'il leur accordoit ils l'accorderoient à leurs Vaſſaux: il fit même eſpérer le rétabliſſement des loix d'Edouard le confeſſeur.

Sous Henri ſecond la liberté fit un pas de plus, & l'on vit renaître, quoique d'une maniére imparfaite, l'ancienne *Epreuve des Jurés* (b): procédure qui fait aujourd'hui une des belles parties de la Jurisprudence Angloiſe.

Mais ces cauſes qui n'avoient fait que pulluler ſourdement ſous les deux Henris, princes juſtes, juſques à un certain point, & de la plus grande capacité, ſe développerent, tout-à-coup, ſous le tyrannique Jean ſans terre. Les prérogatives royales & les loix de forêt ayant été portées, par ce Prince, à un point de rigueur exceſſif, il vit bien-tôt ſe former con-

---

(a) Il s'étoit emparé de la Couronne au préjudice de Robert, Duc de Normandie, ſon frere aîné, qu'il battit à Tinchebrai, & retint priſonnier pendant vingt-ſix ans.

(b) *Trial by a Jury.*

contre lui une confédération générale: & c'eſt ici le cas de remarquer une nouvelle circonſtance très avantageuſe, & particuliere à l'Angleterre.

L'Angleterre n'étoit pas, comme la France, diviſée en pluſieurs ſouverainetés différentes; elle ne formoit qu'un tout; elle ne reconnoiſſoit qu'un ſeul maître & un ſeul titre; c'étoit par-tout mêmes loix, même dépendance: partout auſſi mêmes notions, mêmes intérêts. Les deux extrêmités du Royaume ſe donnoient la main, pour borner un pouvoir injuſte: depuis la Twede juſqu'à Portsmouth, depuis Yarmouth juſqu'au Land's-end, tout ſe mettoit en mouvement; l'agitation croiſſoit par la diſtance comme les ondes d'une vaſte mer; & le Monarque laiſſé à lui-même, & ſans point d'appui, ſe voyoit aſſailli par le concours de tous ſes ſujets.

L'étendard ne fut pas plutôt levé contre Jean, que ſa Cour même l'abandonna; & ne trouvant aucune partie de ſon royaume qu'il n'eut également irritée, n'ayant aucune province ſéparée qu'il put engager à ſa défenſe par des promeſſes d'amniſtie ou de conceſſions particulieres, reſſources triviales, mais ſûres, de ceux qui gouvernent, il fut obligé, avec ſept Chevaliers qui lui reſtoient, de ſe mettre à la diſpoſition de ſes ſujets; & il ſigna*, à Runing Mead, la Charte *de Forêt* & la fameuſe Charte, que ſon importance a fait nommer la grande Charte.

Par la premiére, on aboliſſoit une partie des horreurs de la loi *de forêt*; par la ſeconde on abrogeoit

* A°. 1215.

en faveur des Seigneurs la partie la plus tyrannique des loix féodales. Mais cette Charte ne s'arrêtoit pas là : on ne se sépara pas sans stipuler en faveur de la partie nombreuse du peuple qui avoit concouru à l'obtenir, & qui prétendoit, les armes à la main, à jouir de la sûreté qu'elle établissoit. La grande Charte statua que les mêmes servitudes qui étoient abolies en faveur des Seigneurs, le seroient pareillement en faveur de tous les Vassaux ; elle établit un même poids & une même mesure par toute l'Angleterre ; elle mit les Marchands à l'abri des impositions arbitraires ; elle leur accorda d'entrer & de sortir librement du Royaume ; elle embrassa même tous les ordres de l'Etat, puisqu'elle ordonna que le *Villain*, c'est-à-dire le serf, ne pût être privé par amende de ses instrumens de labourage. Enfin par l'article XXIX. elle statuoit qu'aucun sujet ne pût être exilé, ni molesté en façon quelconque, dans sa personne ou dans ses biens, autrement que par jugement de ses pairs & conformément à l'ancienne loi du pays : (a) Article si important, qu'on peut dire qu'il renfermoit tout ce qui fait le but des sociétés ; & les Anglois, dès ce moment, eussent été un peu-

(a) „ Nullus liber homo capiatur, vel imprisonetur, aut disseisetur de libero tenemento suo, vel libertatibus, vel liberis consuetudinibus suis ; aut utlagetur, aut exuletur, aut aliquo modo destruatur : nec super eum ibimus, nec super eum mittemus, nisi per legale judicium parium suorum, vel per legem terræ. Nulli vendemus, nulli negabimus aut differemus justitiam vel rectum." *Magna Charta. Cap. XXIX.*

ple libre, s'il n'y avoit pas une distance immense, entre faire des loix, & les observer.

Mais quoique cette Charte manquât de la plupart des appuis qui la pouvoient faire respecter; quoiqu'elle n'assurât à l'homme pauvre & isolé aucun moyen légal & sûr d'en obtenir l'exécution, chose qu'il n'y avoit que des violations sans nombre qui pussent enfin enseigner, elle ne laissoit pas d'être un pas prodigieux vers la liberté. Au lieu des maximes générales sur les droits des sujets & les devoirs du Prince, maximes contre lesquelles l'ambition dispute sans fin, ou qu'elle nie même complétement, on avoit substitué une loi écrite, c'est-à-dire, une vérité de fait & qui n'avoit plus besoin de l'appui du raisonnement; les droits du particulier, à sa personne & à ses biens, étoient devenus des axiomes; la grande Charte, sanctionnée avec tant d'appareil & confirmée à chaque regne, étoit un point de ralliement sûr & général; & la base étoit posée, sur laquelle devoient désormais s'élever ces loix équitables, qui tendent également leur secours au plus foible, comme au plus puissant des sujets. (a)

(a) Si l'on vouloit se convaincre plus particuliérement de l'effet des causes auxquelles nous avons vu qu'étoit dûe la liberté de la Nation Angloise, on n'auroit qu'à comparer la grande Charte & étendue dans ses précautions & dans laquelle le Seigneur stipule en faveur de l'Esclave, avec le Traité qui fut fait entre Louis onze & divers Princes de France & qui a pour titre : *Traité fait à St. Maur entre les Ducs de Normandie, de Calabre, de Bretagne, de Bourbonnois, d'Auvergne, de Nemours, les Comtes de Charolois, d'Armagnac, & de St. Pol, & autres Princes de France, soulevés*

Sous le long regne d'Henri trois, les diviſions du Roi & des Seigneurs bouleverſerent l'Angleterre: &, dans les viciſſitudes des guerres qu'elles occaſionnerent, les peuples ſentirent toujours mieux leur importance, &, par une conſéquence néceſſaire, le Roi & les Seigneurs la virent toujours mieux auſſi: recherchés par les deux partis ils virent confirmer la grande Charte &, même, y ajouter de nouveaux privileges, par les ſtatuts de Merton & de Marlebridge. Mais je me hâte de venir à la grande époque du regne d'Edouard premier, Prince à qui ſes ſages & nombreuſes loix ont mérité le titre du Juſtinien d'Angleterre.

Né avec les plus grandes qualités, & ſuccédant à un regne que ſa foibleſſe & ſes injuſtices avoient rendu malheureux, Edouard comprit qu'il n'y avoit qu'une exacte adminiſtration de la juſtice qui pût, d'un côté, en impoſer à une Nobleſſe que les troubles précédens avoient rendue turbulente; &, de l'autre, tranquilliſer le peuple, en aſſurant les poſſeſſions. Il fit donc de la juriſprudence l'objet principal de ſon attention, & elle prit, ſous ſes mains, un tel accroiſſement, que la procédure ſe fixa; & le

---

ſous le nom du bien public d'une part, & le Roi Louis onze d'autre, le 29 Octobre 1465. On verra que, dans ce Traité fait pour terminer une guerre qui fut appellée la guerre du bien public, il ne fut queſtion que des intérêts de la puiſſance particuliére de quelques Seigneurs, & qu'on n'y inſéra pas un ſeul mot en faveur du peuple. Ce traité ſe trouve, au long, dans les piéces juſtificatives qui ſont à la ſuite des Mémoires de Comines.

Chief Justice Hale ne fait pas difficulté de dire que les loix arriverent tout-à-coup, & *quasi per saltum*, à leur perfection, & qu'il s'est fait plus de changement, à cet égard, pendant les treize premiéres années de ce regne, que pendant toutes celles qui l'ont suivi.

Mais ce qui rend l'époque de ce regne particuliérement intéressante, c'est qu'il fournit le premier exemple de l'admission (*a*) des députés des villes dans le Parlement.

Edouard, continuellement enveloppé dans ses guerres, soit d'Ecosse, soit du Continent, & voyant d'ailleurs ses domaines considérablement diminués, étoit fréquemment réduit aux besoins les plus pressans. Mais, quoique par une suite de l'esprit de ce siecle, il se permît souvent des injustices de détail, il sentit qu'il lui étoit impossible d'étendre une oppression générale, sur une Noblesse & un peuple qui savoient se réunir: il fut donc obligé, pour avoir des subsides, de prendre une nouvelle route, & de chercher à obtenir du consentement de ses peuples, ce que ses prédécesseurs avoient attendu de leur puissance. Les Sheriffs inviterent les bourgs & les villes des différentes Comtés, à envoyer leurs députés au Parlement; & c'est à cette date qu'il faut rapporter l'origine de la Chambre des Communes. (*b*)

(*a*) J'entends l'admission légale, car le Comte de Leicester, qui avoit usurpé le pouvoir pendant une partie du regne précédent, les y avoit déjà appellés.

(*b*) A°. 1295.

Il faut l'avouer, cependant, ces députés du peuple n'eurent pas d'abord des droits fort considérables. Ils étoient bien éloignés de jouïr de ces belles prérogatives qui font, aujourd'hui, de la Chambre des Communes, une partie collatérale du Gouvernement: ils ne furent d'abord appellés que pour consentir aux résolutions que prendroient le Roi & l'assemblée des Seigneurs. (*a*) Mais c'étoit avoir beaucoup acquis, que d'avoir acquis le droit de faire entendre leurs plaintes sans péril & en commun; c'étoit beaucoup, au lieu de la ressource dangereuse des insurrections, d'avoir une influence légale sur les motions du Gouvernement & d'en faire désormais partie. Quel que fût le désavantage de la place qui leur étoit assignée, il devoit être bientôt compensé par la prépondérance nécessaire qu'a le peuple, lorsqu'il peut se mouvoir avec regle. (*b*)

Aussi ce droit, quoique foible en apparence, se manifesta-t-il d'abord par des effets très considéra-

---

(*a*) Le *Summon*, soit appel, que les Seigneurs recevoient du Roi pour se rendre en Parlement, portoit *ad deliberandum & faciendum*: celui des Communes, *ad audiendum & consentiendum*. Ce ne fut qu'au bout d'un certain tems que celles-ci s'assemblerent séparément, & eurent successivement part à la législation.

(*b*) La France eut bien aussi ses Etats généraux, mais il n'y eut que les députés des villes du Domaine particulier de la Couronne, c'est-à-dire, d'une très petite partie du peuple François, qui, sous le nom de Tiers Etat, y furent admis, & l'on comprend qu'ils n'acquirent pas une grande influence, dans une assemblée de souverains qui faisoient la loi à leur Maître. Aussi, lorsque ceux-là eurent disparu, on vit, tout de suite, s'établir la maxime: *Qui veut le Roi, si veut la loi.*

bles. Malgré ſa répugnance, & après des ſubterfuges indignes d'un auſſi grand Roi, Edouard fut obligé de confirmer la grande Charte; il la confirma même onze fois durant ſon regne. Il ſtatua que tout ce qui s'y feroit de contraire feroit nul; qu'elle feroit lue deux fois par année dans les Cathédrales, & qu'on prononceroit la peine d'excommunication contre quiconque la violeroit. (*a*)

Enfin, il fit une loi d'une choſe dont, jusques-là, il n'avoit laiſſé jouïr les Anglois que de fait; &, dans le ſtatut *de Tallagio non concedendo*, il déclara qu'aucune impoſition ne ſe leveroit ſans le conſentement des Pairs & de l'aſſemblée des Communes. (*b*) Statut important, & qui eſt, conjointement avec la grande Charte, la baſe de la Conſtitution d'Angleterre: ſi c'eſt de l'une que les Anglois doivent dater l'origine de leur liberté; c'eſt de l'autre qu'ils doivent en dater l'établiſſement: & ſi la grande Charte étoit le rempart qui protégeoit toutes les libertés individuelles; le ſtatut en queſtion étoit la machine qui protégeoit la Charte elle-même, & à l'aide de laquelle la nation devoit faire déſormais des conquêtes légales ſur l'autorité du Roi.

C'eſt à ce période où nous ſommes parvenus qu'il faut s'arrêter, pour porter ſes regards au loin, &

(*a*) *Confirmationes Chartarum. Cap.* 2. 3. 4.

(*b*) „ Nullum tallagium vel auxilium per nos, vel hæredes nos-
„ tros in regno noſtro ponatur ſeu levetur ſine voluntate & aſſenſu
„ Archiepiſcoporum, Epiſcoporum, Comitum, Baronum, Militum,
„ (*des Chevaliers*), Burgenſium & aliorum libererum com', de reg-
„ no noſtro." *Stat. An.* 34. *Ed.* 1.

considérer le spectacle différent que le reste de l'Europe présentoit alors. Les causes productrices de la servitude y opéroient & s'y fortifioient de jour en jour: d'un côté, l'indépendance des Nobles, de l'autre, l'ignorance & la foiblesse des peuples y étoient extrêmes; le Droit féodal déployoit toujours ses rigueurs, & tel étoit son désordre qu'il ôtoit jusques à l'espérance d'un meilleur état.

La France, ensanglantée par la folie d'une Noblesse sans cesse engagée dans des guerres sans motif, soit avec elle-même, soit avec son Roi, s'ensanglantoit encore par la tyrannie de cette même Noblesse, orgueilleuse de sa liberté ou plutôt de son anarchie. (a) Les peuples opprimés par ceux qui eussent dû les conduire, accablés de maux par ceux que leurs travaux faisoient exister, se revoltoient de toutes parts. Mais leurs mouvemens tumultuaires n'avoient gueres d'autre but, que de décharger l'angoisse dont leurs cœurs étoient surchargés: ils ne s'avisoient pas de se réunir, bien moins encore de chercher à changer le gouvernement & de former le plan d'une liberté réguliere.

N'ayant jamais porté leurs vues au-delà du champ qu'ils cultivoient, ils étoient bien éloignés de penser

(a) Non contente de la vexation elle y ajoutoit l'insulte. „ Lors„ que le Gentilhomme" dit Mezeray „ pilloit & rançonnoit le pay„ san, il l'appelloit en dérision Jaques bonhomme". Cela donna lieu à une sédition furieuse qui fut appellée la Jaquerie: elle commença à Beauvais dans l'année 1357; elle s'étendit dans plusieurs provinces de France; & ne fut appaisée que par la destruction d'une partie de ces malheureux qu'on massacra à milliers.

à cette foule d'ordres, de corps, de privileges & de prérogatives oppofées ; tous ingrédiens néceffaires d'une conftitution libre. Leurs têtes, courbées vers la terre, n'avoient eu garde d'imaginer cette fabrique compliquée, que l'homme exercé admire & comprend à peine, lorsqu'un concours de hazards heureux a pu parvenir à l'élever.

Dans leur fimplicité, ils ne voyoient de remede que l'établiffement général du pouvoir du Roi, c'eft-à-dire, que le regne de la volonté d'un feul ; & ils ne foupiroient que pour le tems qui, en fatisfaifant leur haine, adouciroit leurs fouffrances, & réduiroit au même niveau les oppreffeurs & les opprimés.

La Nobleffe, d'un autre côté, ne penfant qu'à jouir de l'indépendance du moment, aliénoit fans retour les feuls hommes qui puffent un jour la défendre, &, manquant également à ce que prefcrivoit l'humanité & exigeoit la prudence, elle ne voyoit pas l'autorité royale qui s'avançoit fourdement, & qui la devoit bientôt engloutir. Déjà la Normandie, l'Anjou, le Languedoc, la Touraine, avoient été réunis : le Dauphiné, la Champagne & une partie de la Guienne ne devoient pas tarder à l'être. La France devoit avoir enfin fon Louis onze : elle devoit voir fes Etats généraux devenir d'abord inutiles, & finalement s'abolir.

L'Efpagne devoit auffi voir fes Royaumes fe réunir dans la même main : elle devoit avoir fon Ferdinand, & son Charles quint. (*a*) Et l'Allemagne, où une Couronne élective prévenoit les réunions, devoit, à la vérité, acquérir quelques Villes libres; mais ses peuples divisés étoient, pour la plupart, destinés à rester soumis au joug arbitraire & absolu des Souverains particuliers qui sauroient se maintenir. En un mot, les torrens de servitudes féodales, qui couvroient le continent, n'y réparoient par aucun avantage éloigné leurs ravages actuels; & ils ne devoient laisser en s'écoulant qu'Aristocratie & que Despotisme.

Mais, en Angleterre, ce même Droit féodal, après avoir inondé tout-à-coup, avoit déposé & déposoit continuellement les nobles semences de l'esprit de liberté, d'union & d'une sage résistance. Dès les tems d'Edouard on le voyoit se retirer peu à peu: les loix protectrices de la personne & de la propriété du Citoyen commençoient à paroître: (*b*)

(*a*) L'Espagne étoit premiérement divisée en douze Royaumes & quelques Principautés, qui, par des traités, & surtout par des conquêtes, se réunirent successivement en trois Royaumes, qui furent ceux de Castille, d'Aragon, & de Grenade. Ferdinand V. Roi d'Aragon, épousa Isabelle, Reine de Castille: ils firent de concert la conquête du Royaume de Grenade; & ces trois Royaumes, ainsi réunis, passerent en 1516, à Charles, leur petit-fils, & formerent la Monarchie Espagnole. A cette époque, les Rois d'Espagne commencerent à être absolus, & les Etats des Royaumes de Castille & de Léon, „ assemblés à Tolede au mois de Novembre „ 1539. sont les derniers où se soient trouvés les trois ordres, „ c'est-à-dire, les Grands, les Ecclésiastiques, & les Députés des „ Villes." *Ferreras, Histoire générale d'Espagne.*

(*b*) „ Or, selon mon avis ", dit Philippe de Comines, dans des tems qui n'étoient pas fort postérieurs à ceux d'Edouard premier, cette belle Constitution, résultat d'un triple pouvoir, s'élevoit insensiblement; & l'œil découvroit déja les sommités verdoyantes de cet heureux horizon, où devoient régner, un jour, la Philosophie & la Liberté, indispensables compagnes.

CHAPITRE II.

Continuation du même sujet.

LES Députés de la Nation, & de toute la Nation, étoient admis dans le Parlement; & le Roi se voyoit dans leur dépendance par rapport à un objet qui intéressoit également l'homme & le souverain: le grand pas étoit donc fait qui devoit lui donner l'influence dont elle jouit aujourd'hui; & les regnes qui suivent celui d'Edouard nous en offrent le développement continuel.

Sous Edouard second les Communes commencerent à joindre des Pétitions aux bills par lesquels elles accordoient des subsides; & ce fut-là l'aurore de leur pouvoir législatif. Sous Edouard trois elles déclarerent qu'elles ne reconnoîtroient, désormais, de loi, que celles auxquelles elles auroient donné leur assentiment. Bientôt après elles déployerent une préro-

„ entre toutes les Seigneuries du monde dont j'ai connoissance,
„ où la chose publique est mieux traitée & où regne moins de vio-
„ lence sur le peuple, c'est Angleterre." *Mémoires de Comines.*
„ *Tom. I. L. V. Chap. XIX.*

gative qui fait aujourd'hui un des grands contrepoids de la Conſtitution : elles accuſerent & firent condamner quelques-uns des principaux Miniſtres. Sous Henri quatriéme elles refuſerent de ſtatuer ſur les ſubſides avant qu'on eut répondu à leurs Pétitions. En un mot, chaque événement un peu conſidérable étoit marqué par une addition au pouvoir des Communes : additions lentes à la vérité, mais additions paiſibles & légales, & qui n'en étoient que plus propres à s'imprimer dans l'eſprit des peuples & à s'incorporer aux anciens principes.

Sous Henri cinq la Nation ne fut occupée que de ſes guerres avec la France ; & ſous Henri ſix commencerent les fatales guerres entre les Maiſons d'Yorck & de Lancaſtre : le bruit des armes ſe fit ſeul entendre ; dans le ſilence des loix exiſtantes, on ne penſa gueres à en faire de nouvelles ; & l'Angleterre n'offre, pendant plus de trente années, qu'une vaſte ſcene de déſolation.

Enfin ſous Henri ſept, qui, en épouſant l'héritiere de la Maiſon d'Yorck, réunit les prétentions des deux familles, la paix fut généralement rétablie, & des jours heureux ſembloient promis à la Nation. Mais la longue & violente criſe qui l'avoit travaillée, devoit avoir une convaleſcence longue & pénible : Henri monté ſur le trône, les armes à la main, &, pour ainſi dire, en conquérant, avoit des promeſſes à tenir & des vengeances à exercer : & les peuples, après tant de miſeres, ne ſoupirant que pour le repos, abhorrant même juſques à l'idée de la réſiſtance, ce qui reſtoit d'une Nobleſſe exterminée, ſe voyoit expoſé, ſans défenſe, à la merci du Souverain.

Les Communes, d'un autre côté, accoutumées à n'agir qu'en ſecond, privées de ceux qui juſques-là avoient été leurs conducteurs, &, pour ainſi dire, éperdues, oſoient moins que jamais commencer à former une oppoſition. Se voyant placées, ainſi que les Seigneurs, ſous les yeux du Roi, elles étoient expoſées aux mêmes dangers. Ainſi qu'eux elles acheterent leur ſûreté perſonnelle aux dépens de la liberté générale: les loix les plus aviliſſantes, les jugemens les plus odieux, furent prodigués; &, en liſant l'hiſtoire des deux premiers Princes de la Maiſon de Tudor, on croit lire ce que Tacite raconte de Tibere & du Sénat Romain (*a*).

Le tems ſembloit donc arrivé où la Nation Angloiſe devoit ſubir à ſon tour le ſort des autres nations de l'Europe. Toutes ces barriéres qu'elle avoit élevées à ſa liberté, n'avoient donc fait que retarder les inévitables effets du pouvoir.

Mais le ſouvenir des anciennes loix, de cette grande Charte ſi ſouvent & ſi ſolemnellement confirmée, étoit gravé trop profondément dans l'eſprit des Anglois, pour que des malheurs paſſagers puſſent les en effacer. Comme une mer étendue & profonde, qui conſerve ſa température, au milieu de la vi-

(*a*) Quantò quis illuſtrior, tantò magis falſi ac feſtinantes.

cissitude des saisons, l'Angleterre conservoit des principes si généralement répandus dans tous les ordres de l'Etat: & la première occasion devoit les voir se manifester.

L'Angleterre avoit d'ailleurs encore l'avantage si grand, d'être réunie en un seul Etat.

Si elle eut été divisée en plusieurs provinces distinctes, elle eut eu aussi plusieurs assemblées nationales. Ces assemblées convoquées en des tems & en des lieux différens, pour ces raisons & pour d'autres, n'eussent pu agir de concert; & le droit de refuser des subsides, ce droit important, quand il est le pouvoir de réduire le Souverain à l'impossibilité d'agir, n'eut été que le droit funeste d'irriter un Maître qui auroit eu ailleurs des ressources.

Les différens Parlemens, ou Etats, réduits à n'avoir que le mérite de la promptitude, eussent accordé à l'envi ce qu'il eut été non-seulement inutile, mais même si dangereux de refuser: le Roi n'eut pas tardé à demander, comme un tribut, un don qu'il eut été sûr d'obtenir; & l'apparence de consentement n'eut été laissée aux peuples, que comme un moyen de plus de les opprimer sans péril.

Mais le Roi d'Angleterre, dans le tems même dont nous parlons, continuoit à n'avoir qu'une assemblée à qui il pût exposer ses besoins: quelle que fût l'augmentation de son pouvoir, il n'y avoit que son Parlement unique qui pût lui fournir les moyens de le déployer; & soit que ceux qui le composoient sentissent vivement leurs avantages, foit que l'intérêt particulier vînt à l'appui du patriotifme, ils revendiquerent dans tous les tems le droit de refufer des fubfides; & dans l'abandon général de tout ce qui eut dû leur être cher, ils tinrent du moins opiniâtrement embraffée la planche qui devoit enfin les fauver. (*a*)

Sous Edouard fix les monftrueufes loix de *Trahifon*, inventées fous Henri huit, fon prédéceffeur, furent abolies. Mais ce jeune & vertueux Prince n'ayant fait que paffer, la fanguinaire Marie étonna l'univers par des cruautés qu'il n'y avoit que le fanatifme d'une partie de la Nation qui pût la mettre en état d'exercer.

Sous le beau & long regne d'Elizabeth, l'Angleterre commença à refpirer, & la Religion Proteftante, remife fur le trône, amena avec elle un peu plus de liberté & de tolérance.

La Chambre étoilée, cet inftrument fécond de la tyrannie des deux Henris, fubfiftoit cependant encore; le tribunal inquifitional de la Haute Commiffion fut même imaginé; & le joug du pouvoir repofoit

---

(*a*) J'obferverai ici que lorfque fous Charles premier le pouvoir du Roi fut forcé de céder à celui du Peuple, l'Irlande, à peine civilifée, ne faifoit qu'augmenter fes befoins, par conféquent fa dépendance; & l'Ecoffe, par la fuite d'un concours de circonftances, avoit ceffé de lui obéir. Et, quoique la difproportion de ces deux Etats, les réduife, même aujourd'hui, à n'être abfolument qu'acceffoires, les chofes qui s'y font paffées, depuis la Révolution de 1689, font voir que l'Angleterre doit compter parmi fes bonheurs que la grande crife du regne de Charles premier & le pas décifif que fit alors la Conftitution, aient dévancé le tems où fon Roi feroit réellement Roi de trois Royaumes.

toujours pesamment sur la tête des sujets. Mais l'amour pour une Reine dont les malheurs avoient d'abord tant intéressé; les dangers éminens auxquels l'Angleterre échappa, & l'extrême gloire de ce regne, firent supporter des exertions d'autorité qui paroîtroient aujourd'hui le comble de la tyrannie; & justifierent alors, & excusent aujourd'hui, une souveraine que ses grands talens, mais sûrement pas ses principes, (*a*) rendent digne d'être proposée pour modele.

Enfin, sous le regne des Stuarts, la Nation revint de son long assoupissement. Jaques premier, Prince plus imprudent que tyrannique, leva le voile qui avoit jusques-là déguisé tant d'usurpations, & étala ce dont ses prédécesseurs s'étoient contentés de jouïr.

Il ne se lassoit pas de répéter que le pouvoir des Rois ne devoit pas plus être contredit que celui de Dieu. Comme lui ils étoient *omnipotens*; & ces privileges que la Nation reclamoit avec tant de bruit, comme un héritage & comme des Droits apportés en venant au monde, n'étoient, suivant lui, qu'un effet de la grace & de la tolérance de ses ancêtres. (*b*)

Ces principes conservés jusques alors dans le secret du Cabinet & des Cours de Justice, s'étoient maintenus

(*a*) En matiere de Gouvernement.

(*b*) Déclarations faites en Parlement dans les Années 1610 & 1621.

nus par cette obſcurité même. Enoncés du haut du Trône & retentiſſans dans les chaires, ils répandirent une allarme univerſelle: le commerce d'ailleurs, les arts qui en ſont la ſuite, & ſurtout l'imprimerie, réveilloient des notions plus ſaines dans tous les ordres de l'Etat; un nouveau jour commençoit à éclairer la Nation; & ce regne vit ſouvent ſe manifeſter un esprit d'oppoſition, auquel les Monarques Anglois n'étoient, depuis longtems, plus accoutumés.

Mais l'orage, qui n'avoit fait que ſe préparer ſous Jaques, commença à gronder ſous Charles premier, ſon ſucceſſeur; & la ſcene qui s'ouvrit à l'avenement de ce Prince, préſentoit l'aſpect le plus effrayant.

Les idées religieuſes, par un concours ſingulier, venoient ſe joindre à l'amour de la liberté; le même eſprit qui avoit attaqué la foi établie ſe gliſſoit dans la politique; les prérogatives royales furent ſoumiſes au même examen que les préceptes de l'Egliſe de Rome: & cette épreuve, à laquelle une Religion ſuperſtitieuſe n'avoit pu réſiſter, une autorité prétendue ſans bornes ne la devoit pas ſoutenir non plus.

Les Communes, d'un autre côté, revenoient de l'étonnement où les avoient d'abord miſes l'extinction du pouvoir des Nobles; jettant les yeux ſur elle-même & ſur la Nation, elles virent toute leur force, elles ſe déterminerent à en faire uſage & à reſſerrer enfin un pouvoir qui depuis ſi longtems sembloit avoir tout envahi. (*a*) Se trouvant posséder, dans le même tems, des personnes de la plus vaste capacité, elles entreprirent le grand ouvrage par des voies constitutionelles & avec méthode ; & Charles alloit avoir à résister au mouvement de toute une Nation, concentré & dirigé par une assemblée d'hommes d'État.

Mais ce Prince mal conseillé méconnut totalement le péril qui l'environnoit. Il ne sentit pas que le terrein sur lequel il marchoit étoit miné de toutes parts ; il eut l'imprudence de déployer avec rigueur une autorité à laquelle presque personne ne croyoit ; & il vit dissiper d'un souffle ses prérogatives énervées. Par le fameux Acte qu'on appella la *Pétition des Droits*, & par un acte postérieur, actes auxquels il consentit, les prêts forcés & les impôts déguisés sous le nom de *bénévolence*, furent déclarés contraires aux loix ; les emprisonnemens arbitraires & l'exercice de la loi martiale furent abolis ; la Cour de Haute Commission & la Chambre étoilée furent supprimées ; (*b*) & la Constitution, dégagée de l'attirail

---

(*a*) En France, où par une suite de la division des Provinces & de la puissance des Nobles, le peuple étoit compté pour rien, lorsque les Nobles eux mêmes furent abattus, l'ouvrage fut fait. Mais en Angleterre, lorsque, par un concours de circonstances, les Nobles furent pareillement abattus, le peuple, qu'ils avoient élevé & qui étoit réuni, fit ferme & les rallia.

(*b*) La Chambre étoilée, à la différence des autres Tribunaux, qui ne reconnoissent pour loi que la *commune Loi*, ou Loi immémoriale, & les Actes de Parlement, reconnoissoit les proclama-

de pouvoirs tyranniques dont les Tudors l'avoient offusquée, fut rétablie dans son ancien lustre. Heureux les peuples, si leurs conducteurs, après avoir exécuté un si noble ouvrage, se fussent contentés de la gloire pure de bienfaiteurs de la patrie! Heureux le Roi, si obligé enfin de céder, il eut cédé de bonne foi, & s'il eut suffisamment connu que la seule ressource qui lui restât, étoit l'affection de ses sujets!

Mais Charles ne sut pas survivre à la perte de ce qu'il croyoit des pouvoirs indisputables; il ne put réconcilier son ame avec des limitations injurieuses, suivant lui, à la dignité souveraine: sa conduite & ses propos décélerent des desseins secrets; la défiance s'empara de la Nation; des citoyens ambitieux la firent servir à leurs vues, & l'orage qui avoit paru appaisé se ranima. Le fanatisme opposé de sectes persécutrices se joignit au conflict de l'orgueil Monarchique & de l'ambition particuliere; la tempête souffla des quatre coins de l'horizon; la Constitution fut mise en piéces, & Charles donna par sa chûte un grand exemple à l'univers.

La puissance royale étant anéantie, les Anglois firent des tentatives, mais inutiles, pour y substituer le Gouvernement Républicain. „ Ce fut un beau „ spectacle " dit Montesquieu „ de voir les efforts

---

tions particulieres du Conseil du Roi & en faisoit le motif de ses jugemens. Aussi l'abolition de ce Tribunal fut regardée, avec raison, comme une grande victoire sur l'autorité Royale.

„ impuiſſans des Anglois pour établir chez eux la „ Démocratie ". Soumis d'abord au pouvoir des divers Chefs du Long Parlement, ils ne virent ce pouvoir finir que pour paſſer, ſans limites, entre les mains d'un *Protecteur.* Ils le virent enſuite ſe diſtribuer entre les Chefs des différens corps de troupes, & retombant ſans ceſſe de ſervitude en ſervitude, ils ſe convainquirent que vouloir établir la liberté chez une grande Nation, en la faiſant intervenir dans le détail du Gouvernement, c'eſt vouloir de toutes les choſes la plus chimérique; que cette autorité de tous, dont on y amuſe le peuple, n'eſt, au fonds, que l'autorité de quelques citoyens puiſſans qui ſe partagent la République; & ils ſe repoſerent enfin dans la ſeule Conſtitution qui puiſſe convenir à un grand Etat & à un peuple libre, je veux dire, celle où un petit nombre délibere & où un ſeul exécute; mais dans laquelle, en même tems, la ſatisfaction générale eſt rendue, par l'arrangement des choſes, une condition néceſſaire de la durée du Gouvernement.

Charles ſecond fut donc appellé, & il éprouva de la part de ſes peuples cet amour, cette paſſion, qui ſuit le retour d'une longue erreur. Lui-même cependant ne leur pardonna pas le crime inexpiable dont il regardoit qu'ils s'étoient ſouillés: il vit avec douleur qu'ils conſervoient au fonds les mêmes idées; & le cœur plein des anciens pouvoirs de la couronne, il ne chercha que l'occaſion de manquer aux promeſſes qui avoient procuré *ſa reſtauration.*

Mais l'empressement même de ses mesures en fit manquer le succès; ses alliances dangereuses sur le Continent, & l'extravagance des guerres dans lesquelles il entraîna l'Angleterre, jointes aux fréquens abus qu'il fit de son autorité, le décelerent. La Nation ouvrit les yeux sur ses projets; & convaincue, enfin, qu'il n'y a que des bornes fixes & irrésistibles qui puissent contenir l'autorité, elle résolut d'enlever définitivement tout ce qui restoit d'arbitraire dans la puissance de son Roi.

Les *services militaires* dûs à la couronne, reste des tenures féodales, furent abolis. Les loix contre les hérétiques furent abrogées. L'Acte d'*Habeas Corpus*, (a) ce rempart de la sûreté particuliére, fut établi. Le statut qui rendoit les Parlemens triennaux fut sanctionné: & le patriotisme des Parlemens fut tel, que ce fût, sous le Prince le plus destitué de principes, que la liberté reçut ses plus efficaces additions.

Enfin, à la mort de Charles, commença ce regne qui devoit donner une si grande leçon aux peuples & aux souverains. Jaques second ayant dans l'esprit plus de roideur que son frere, avec moins d'étendue, s'obstina plus ouvertement encore à suivre un projet qui avoit été si funeste à sa famille. Il ne voulut pas voir, que les grands changemens arrivés dans la Constitution, en rendoient l'exécution toujours plus impraticable; il s'indigna follement contre

---

(a) Le Chapitre X. explique ce que c'est que cet Acte.

une réſiſtance qu'il n'étoit pas en état de vaincre; &, emporté par ſon eſprit deſpotique & par un zele monacal, il courut, tête baiſſée, contre le roc où devoit ſe briſer ſon autorité.

Non-ſeulement il fit entendre dans ſes déclarations les expreſſions allarmantes de pouvoir abſolu & auquel on devoit obéir ſans réſerve: (a) non-ſeulement il s'attribua le droit de diſpenſer de l'effet des loix; il voulut encore faire ſervir cette prétention deſtructive, à la deſtruction des loix les plus cheres à la Nation; & abolir une religion achetée au prix des plus grandes calamités, pour élever ſur ſes ruines une religion que des Actes réiterés avoient proſcrite. Et proſcrite, non parce qu'elle tendoit à établir, en Angleterre, les croyances indifférentes à l'Etat, de la Tranſubſtantiation & du Purgatoire; mais parce qu'elle y avoit toujours compté la puiſſance illimitée du Souverain, parmi ſes principaux dogmes.

Chercher donc à faire revivre une telle religion, ce n'étoit pas ſeulement violer des loix, c'étoit préparer par une violation criante des violations plus criantes encore; & les Anglois, qui virent que la liberté étoit attaquée juſques dans ſes premiers principes, recoururent au remede que la nature & la raiſon montrent aux peuples, lorſque celui qui devoit être le gardien des loix en devient le deſtructeur. Ils retirerent l'obéiſſance qu'ils avoient vouée à Jaques, & ſe crurent dégagés de leurs ſer-

(a) Déclaration donnée en 1687.

mens, vis-à-vis d'un Roi qui se mettoit au-dessus des siens.

Mais, au lieu que la révolution qui avoit renversé Charles, ne s'étoit effectuée qu'au moyen d'une grande effusion de sang, & avoit jetté l'Etat dans une convulsion terrible; celle qui détrôna Jaques ne fut qu'une opération courte & facile. Par une suite du progrès des connoissances & de la certitude des principes qui dirigeoient la Nation, le concert fut universel: tous les liens, par lesquels le peuple tenoit au Trône, se rompirent à la fois & par une seule secousse; & Jaques qui, le moment auparavant, étoit un Monarque environné de ses sujets, ne fut plus qu'un particulier, au milieu de la Nation.

Ce qui contribue surtout à rendre cet événement unique dans les Annales du genre humain, c'est la modération, je dirai même, la légalité, qui l'accompagnerent. Comme si déplacer du Trône un Roi qui vouloit s'élever au dessus des Loix, eut été une suite naturelle & prévue des principes du Gouvernement, toutes choses resterent en place; la Nation s'assembla, en regle, pour élire ses Représentans; le Trône fut déclaré *vacant*, & un nouvel ordre de Succession fut établi.

Ce ne fut pas tout; on s'attacha à réparer les brèches faites à la Constitution & à en prévenir de nouvelles: & l'on profita de l'occasion rare d'un contract primitif & formel, entre le peuple & le souverain.

L'on exigea du nouveau Roi un ferment plus exprès que celui qu'avoient prêté fes prédéceffeurs, & l'on en confacra pour toujours la formule. (*a*) On déclara, de nouveau, qu'établir des impofitions, fans le confentement du Parlement; de même qu'entretenir une Armée, en tems de paix, étoit contraire à la loi. On abolit le pouvoir qu'avoit, dans tous les tems, reclamé la Couronne, de difpenfer de l'effet des loix. On ftatua que tous les fujets, quels qu'ils fuffent, auroient droit de préfenter des Pétitions au Roi: (*b*) &, enfin, l'on pofa la clef de la voûte, par l'établiffement final de la liberté de la preffe. (*c*)

La Révolution de 1688, eft donc la troifiéme grande époque, dans l'hiftoire de la Conftitution de l'Angleterre. La grande Charte avoit indiqué les bornes où devoit fe renfermer le pouvoir du Roi: le regne d'Edouard premier avoit élevé quelques barriéres; mais, c'eft à l'époque de la Révolution, qu'on acheva de fermer l'enceinte.

(*a*) Dans l'Acte de Parlement intitulé: *Acte pour établir le ferment de Couronnement.*

(*b*) Le Parlement avoit fait un bill qui fut appellé le *Bill des droits* & qui contenoit les Articles ci-deffus, ainfi que divers autres. Ce bill, ayant reçu enfuite le confentement royal, devint Acte de Parlement, fous le titre *d'Acte déclarant les Droits & Libertés du Sujet & établiffant la Succeffion à la Couronne. Année* 1. *de Guillaume & Marie. Seffion* 2. *Cap.* 2.

(*c*) La liberté de la preffe ne fut, à proprement parler, établie que quatre années après, par le refus que fit alors le Parlement de continuer les reftrictions mifes à ce fujet.

C'est à cette époque que se poserent les grands & vrais principes des sociétés. Par l'expulsion d'un Roi violateur de ses sermens, la doctrine de la résistance, cette ressource finale des peuples que l'on opprime, fut mise à l'abri du doute. Par l'exclusion donnée à une famille héréditairement despotique, il fut décidé que les Nations n'appartiennent pas aux Rois. Tous ces principes d'Obéissance passive, de Droit divin, de Pouvoir indestructible, en un mot, cet échafaudage de notions funestes, parce qu'elles étoient fausses, sur lesquelles l'autorité royale avoit porté jusques-là, fut détruit; & l'on y substitua les appuis solides & durables de l'amour de l'ordre & du sentiment de la nécessité d'un gouvernement parmi les hommes.

CHAPITRE III.

Puissance Législative.

DANS presque tous les Royaumes de l'Europe, la volonté du Prince tient lieu de loi; & l'habitude y a tellement confondu le Droit avec le fait, que les Jurisconsultes y font envisager le pouvoir législatif comme essentiellement attaché à la qualité de Roi; & que la plénitude de son pouvoir leur paroît découler nécessairement de la définition de son titre. Les Anglois, placés dans des circonstances plus favorables, en ont jugé différemment: ils n'ont pas cru que le destin des hommes dût dépendre de jeux de mots & de subtilités scholastiques; & ils n'ont attaché au mot *King*, & au mot *Roi* que leur Loi connoît aussi, que les idées que les Latins avoient attachées au mot *Rex*, & les peuples du Nord au mot *Cyning*.

En limitant donc le pouvoir de leur Roi, ils se sont trouvés plus conformes à l'étymologie: ils sont aussi plus conformes à la raison, en ne laissant pas les loix à la disposition de celui qui est, d'un autre côté, le dépositaire de la force publique: c'est-à-dire, de celui qui a le plus grand intérêt de s'en affranchir.

La base de la Constitution d'Angleterre, le grand principe auquel tous les autres tiennent, c'est, que c'est au Parlement seul qu'appartient la puissance législative, c'est-à-dire, le pouvoir d'établir les loix, de les abroger, de les changer, de les expliquer.

Les parties constituantes du Parlement, sont la Chambre des Communes; la Chambre des Seigneurs; le Roi.

La Chambre des Communes, autrement l'assemblée des Représentans de la Nation, est composée des Députés des différentes Comtés de l'Angleterre, dont chacune en envoie deux; des Députés des Villes, dont Londres, si l'on y comprend Westminster & Southwark, en nomme huit, les autres Villes deux ou un; & des Députés des Universités d'Oxford & de Cambridge, qui en envoient chacune deux.

Enfin, depuis l'Acte d'*Union*, l'Ecosse envoie quarante-cinq Députés, qui, joints aux autres, font en tout cinq cent cinquante-huit. Ces Députés, quoique nommés séparément, ne sont point censés représenter uniquement la Ville ou Comté qui les a envoyés, comme cela a lieu par rapport aux Députés des Provinces-Unies; mais, une fois qu'ils sont admis, ils représentent toute la Nation.

Les qualités requises pour être Membre de la Chambre des Communes sont, d'être né sujet de la grande Bretagne, & d'avoir un fonds de terre de la valeur de six cent livres sterling de revenu (*a*), s'il s'agit de représenter une Comté; ou de trois cent livres sterling, pour représenter une Ville.

Les qualités requises pour être électeur dans une Comté sont, d'y posséder un fonds libre (*Freehold*) de la valeur de quarante shillings de revenu. Par rapport aux électeurs, dans les différentes Villes, ils doivent en être *Freemen*, mot qui signifie hommes libres, & qui exprime, aujourd'hui, certaines qualifications énoncées dans les Chartes particulieres.

Lorsque le Roi assemble un Parlement, le Chancelier envoie un ordre au Sheriff (*b*) de chaque Comté, pour qu'il fasse procéder à l'élection des Dépu-

---

(*a*) Ce fonds doit avoir été possédé pendant une année avant le tems de l'élection, à moins qu'il ne fut parvenu à l'électeur par héritage, mariage, testament ou promotion à un office.

(*b*) Le Sheriff est le Magistrat qui a succédé à l'ancien Comte, *Comes*: il réunit les fonctions, de *juge*, *dans certains cas*; de *gardien de la paix du Roi*, c'est-à-dire, du bon ordre; & d'officier ministériel des Cours supérieures de justice.

tés pour la Comté elle-même, & pour les diverses Villes qui s'y trouvent. Trois jours après la réception de l'ordre, le Sheriff doit envoyer, à son tour, un ordre aux Officiers des Villes, pour qu'ils aient à faire leur élection dans les huit jours qui suivent la réception de l'ordre, en le publiant quatre jours à l'avance. Et le Sheriff doit procéder lui-même à l'élection pour la Comté, pas plutôt que dix jours, & pas plus tard que seize.

Les précautions que la Loi a prises pour assurer la liberté, à tous égards, des élections sont : Que tout candidat, qui après la date des *Writs*, ou dans le tems de la vacance d'une place, auroit donné des festins aux électeurs, ou à un certain nombre d'entr'eux, ne puisse être élu pour ce lieu-là. Que celui qui auroit donné, ou promis de donner à un électeur, de l'argent, un office, ou une récompense quelconque, soit, ainsi que l'électeur lui-même, condamné à cinq cent livres sterling d'amende & incapable de remplir jamais aucun office; avec la faculté, cependant, pour tous les deux, de se racheter de la peine, si, avant conviction, ils font connoître un coupable dans le même cas.

Il a été ordonné, de plus, que les Collecteurs des revenus publics, qui entreprendroient de se mêler dans les élections, *en persuadant ou dissuadant les Electeurs*, seroient condamnés à une amende de cent livres sterling, & déclarés incapables d'aucun office. Enfin, les soldats qui se trouveroient en quartiers dans une place d'élection, doivent s'en éloigner, au moins un jour avant l'élection, & ne revenir qu'un jour après qu'elle est finie.

La Chambre des Seigneurs, ou des Lords, est composée des Lords spirituels, qui sont les Archevêques de Cantorbery & d'Yorck, & les vingt-quatre Evêques. Des Lords temporels, quel que soit le titre qui les distingue, comme de Duc, Comte, Baron, &c. (a) Des seize Pairs députés par les Pairs d'Ecosse. Tous ensemble ne forment qu'un Corps, où les voix sont comptées indistinctement, & où la pluralité décide.

Enfin, le Roi forme la troisiéme puissance qui compose le Parlement: c'est même lui qui a seul le droit de le convoquer; c'est aussi lui seul qui peut le dissoudre ou le proroger. L'effet d'une *dissolution* est que le Parlement cesse entiérement d'exister; la charge des Députés est finie; &, lors d'une convocation, il faut en élire de nouveaux. Une *prorogation* est un ajournement à un terme fixé par le Roi: jusques à ce terme le Parlement est simplement interrompu, & la fonction des Députés suspendue.

Lorsque le Parlement s'assemble, soit qu'il le fasse en vertu d'une convocation, soit que, composé de membres élus précédemment, il se rassemble à l'expiration du tems pour lequel il avoit été pro-

(a) Leur nombre, qui n'est pas fixe, surtout à cause des cas de minorité, est d'environ 200. Ils sont Lords par leur naissance, & quelques-uns par création.

rogé, (*a*) le Roi s'y rend en personne, revêtu des marques de sa dignité, & il ouvre la Session, en exposant au Parlement l'état & les besoins de la Nation & en l'invitant à s'en occuper. Cette présence du Roi, réelle ou représentée, est absolument requise dans une premiere assemblée; c'est elle qui donne la vie aux Corps législatifs & qui les met en mouvement.

Lorsque le Roi a fait sa déclaration, il se retire. Le Parlement, qui est alors saisi des affaires de la Nation, s'en occupe, & est existant, jusques à ce qu'il soit prorogé ou dissous. La Chambre des Pairs & celle des Communes s'assemblent séparément; les premiers sous la présidence du Lord Chancelier: les autres sous celle de leur Orateur; & les deux Chambres s'ajournent elles-mêmes, chacune de son côté, aux jours qui leur conviennent.

Comme chacune des deux Chambres a la négative sur les résolutions de l'autre, & qu'il n'est pas à craindre qu'elles empiétent sur leurs prérogatives mutuelles, non plus que sur celles du Roi, qui a pareillement sa négative, tout ce qu'elles jugent convenable au bien de l'Etat, sans restriction, peut faire l'objet de leurs délibérations respectives. Tel-

(*a*) Le Roi doit convoquer un Parlement, au moins quarante jours avant le tems fixé pour la premiere assemblée. Il ne peut abréger le terme d'une prorogation, que dans les deux cas, ou d'une rebellion, ou du danger présent d'une invasion étrangere; & il doit alors en donner connoissance, quatorze jours auparavant.

les sont, par exemple, de nouvelles bornes à donner à l'autorité du Roi, ou de nouveaux pouvoirs à lui accorder; de nouvelles loix à établir, ou des changemens à faire aux anciennes. Enfin, les diverses sortes de réglemens ou d'établissemens publics; les divers abus de l'Administration, & les remedes à y apporter; sont à chaque Session l'objet de l'attention du Parlement.

Il y a, cependant, une observation importante à faire. Les bills rélatifs aux subsides, doivent absolument commencer dans la Chambre des Communes: les Seigneurs ne peuvent s'occuper de cet objet que sur une présentation de leur part; & elles sont si jalouses de ce droit, qu'elles ne souffrent jamais qu'ils apportent aucun changement aux bills qu'elles leur remettent à ce sujet, & qu'ils fassent autre chose que les accepter ou les rejetter, purement & simplement.

A cela près, chaque membre, dans chaque Chambre, propose la matiere qu'il juge à propos. Si, après délibération, on trouve qu'il convient qu'on s'en occupe, on l'invite à mettre sa proposition par écrit. Si, après avoir été plus mûrement examinée, elle passe, on la remet à l'autre Chambre, pour qu'elle s'en occupe à son tour. Si celle-ci la rejette, elle reste sans effet; si elle l'accepte, il ne manque plus au *Bill* que la sanction du consentement royal.

Lorsqu'il n'y a aucune affaire pressante, le Roi attend ordinairement la fin de la Session (*a*), ou du moins qu'il y ait un certain nombre de bills, pour ſe déclarer. Alors il ſe rend en Parlement, avec la même ſolemnité avec laquelle il l'a ouvert; & pendant qu'il ſiege ſur ſon Trône, un Secrétaire qui a la liſte des bills, lit, & donne ou refuſe, à meſure, le conſentement royal.

Si c'eſt un bill public qui ſoit accepté, le Secrétaire dit, *le Roi le veut*. Si c'eſt un bill privé, il dit, *ſoit fait comme il eſt déſiré*. Si c'eſt un bill concernant des ſubſides, il dit, *le Roi remercie ſes loyaux ſujets, accepte leur bénévolence & auſſi le veut*. Et enfin, ſi c'eſt un bill auquel le Roi ne juge pas à propos de conſentir, le Secrétaire dit, *le Roi s'adviſera*; ce qui eſt une maniére douce de le rejetter.

Il eſt, au reſte, aſſez ſingulier que le Roi d'Angleterre s'exprime en françois dans ſon Parlement: c'eſt un reſte de la Conquête (*b*), qui s'eſt conſervé, ainſi que preſque toutes les choſes de forme qui ſubſiſtent, lors même que les choſes eſſentielles changent; & le Juge Blackſtone dit à ce ſujet: „ C'eſt la derniére marque qui nous reſte de notre „ eſcla-

(*a*) Une *Seſſion* eſt le tems qui s'écoule entre l'ouverture du Parlement, & la prorogation: elle dure, dans les tems ordinaires, environ quatre mois: & il y en a une chaque année.

(*b*) Guillaume le Conquérant ajouta aux autres changemens qu'il fit, l'abolition de la langue angloiſe dans les Cours de Juſtice, & y ſubſtitua le françois qu'on parloit de ſon tems. Ce ne fut que ſous Edouard trois que l'anglois commença à ſe rétablir dans les Tribunaux. De-là vient le grand nombre d'anciens mots françois qu'on retrouve dans le ſtyle des Loix d'Angleterre.

» esclavage, & il est bon que nous la conservions ; » parce qu'elle nous rappelle que notre liberté peut » périr, ayant été autrefois détruite par une force » étrangere."

Lorsque le Roi a déclaré ses diverses volontés, il proroge le Parlement. Les bills qu'il a rejettés, restent sans force : ceux, auxquels il a assenti, deviennent l'expression de la volonté du plus grand Pouvoir que l'Angleterre reconnoisse : ils sont ce que sont en France les Edits enrégistrés ; ce qu'étoient à Rome les *Populiscites* : en un mot, ils sont des Loix. Et, quoique chacune des parties constituantes du Parlement eût pu, dans l'origine, refuser à ces loix l'existence ; il faut désormais, pour les annuller, la réunion de toutes trois.

CHAPITRE IV.

Pouvoir Exécutif.

LORSQUE le Parlement est prorogé ou dissous, il cesse d'exister ; mais ses loix subsistent : le Roi est chargé de l'exécution, & muni du pouvoir nécessaire pour la procurer.

Mais, au lieu qu'en sa capacité politique de l'un des ordres du Parlement, c'est-à-dire, par rapport à la portion qui lui compete de la puissance législative, il est Souverain, & n'allegue que sa volonté, lorsqu'il donne ou refuse son consentement ; chargé de l'adminiſtration publique il n'eſt que Magiſtrat, & les loix, ſoit celles qui exiſtoient avant lui, ſoit celles auxquelles par ſon aſſentiment il a donné l'exiſtence, doivent diriger ſa conduite, & l'obligent auſſi bien que ſes ſujets.

La premiere prérogative du Roi, en ſa qualité de Magiſtrat ſuprême, a pour objet l'adminiſtration de la Juſtice. 1°. Il eſt la ſource de tout pouvoir judiciel; il eſt le Chef de tous les Tribunaux; les Juges ſont regardés comme y étant ſes ſubſtituts; tout s'y paſſe en ſon nom; les ſentences doivent être munies de ſon ſceau, & ſont exécutées par ſes officiers.

2°. Par une fiction de la Loi, il eſt regardé comme le propriétaire univerſel du Royaume; il eſt cenſé directement intéreſſé dans tous les délits; & c'eſt, conſéquemment, en ſon nom que la punition s'en pourſuit par devant les tribunaux.

3°. Il a le droit de faire grace, c'eſt-à-dire, de remettre la peine qui a été prononcée à ſon inſtance.

La ſeconde prérogative du Roi, eſt d'être la fontaine d'honneur, c'eſt-à-dire, le diſtributeur des titres & des dignités. Il crée les Pairs du Royaume; il confere les différentes charges, ſoit dans les Tribunaux, ſoit ailleurs.

III. Le Roi eſt le Surintendant du commerce; il fixe les différens poids & meſures; il a ſeul le droit de battre monnoie, & il peut donner cours à la monnoie étrangere.

IV. Il est le suprême Chef de l'Église. En cette qualité il nomme aux Evêchés & aux deux Archevêchés; & il convoque l'assemblée du Clergé. Cette assemblée est formée, en Angleterre, sur le modele du Parlement: les Evêques forment la Chambre haute; les Députés des Dioceses & des Chapitres particuliers, forment la Chambre basse; le consentement du Roi est nécessaire pour la validité des résolutions, & il a le droit de proroger ou dissoudre la *Convocation*.

V. Il est Généralissime né des forces de terre & de mer; il a seul le pouvoir de lever des troupes; d'équiper des flottes; de bâtir des forteresses; & il nomme à tous les postes.

VI. Il est, relativement aux Nations étrangeres, le représentant & le dépositaire de toute la puissance & de toute la majesté de la Nation; il envoye & reçoit les Ambassadeurs; il contracte les alliances; il a droit de déclarer la guerre, & de faire la paix, aux conditions auxquelles il juge à propos de consentir.

VII. Enfin, ce qui semble mettre le comble à tant de pouvoirs, c'est une maxime fondamentale que le Roi ne peut faire mal (*King can do no wrong.*) Ce qui ne signifie pas, au reste, qu'il n'a pas la puissance de faire mal, mais qu'il est hors de l'atteinte des Tribunaux & que sa personne est sacrée & inviolable.

CHAPITRE V.

Limites que la Constitution a données au pouvoir du Roi.

En lisant l'énumération des pouvoirs que les Loix d'Angleterre confient au Roi, on ne sait comment les concilier avec l'idée d'une Monarchie qu'on nous dit être limitée. Non-seulement le Roi réunit toutes les branches du pouvoir exécutif; non-seulement il dispose de toute la puissance militaire: il est encore, ce semble, le Maître de la Loi elle-même, puisqu'il appelle, & fait disparoître, à son gré, le pouvoir législatif. On lui trouve donc, au premier coup d'œil, tous les pouvoirs qu'ont jamais revendiqué les Monarques les plus absolus; & l'on cherche cette liberté dont les Anglois se glorifient.

Mais les Représentans du Peuple ont encore, & c'est dire assez, ils ont encore, actuellement que la Constitution est établie, la même arme qui a été assez puissante pour l'établir. C'est toujours de leur libéralité seule, que le Roi peut obtenir des subsides; & aujourd'hui que, par une suite des progrès du commerce & de l'esprit de calcul, tout s'évalue en argent; aujourd'hui, que ce métal est le grand ressort des affaires, on peut dire que celui qui dépend, par rapport à un article si important, est, quel que ſoit d'ailleurs ſon pouvoir nominal, dans une entiére dépendance.

Et c'eſt le cas où ſe trouve le Roi d'Angleterre. Il n'a, par lui-même, preſque pas de revenu. Quelques droits héréditaires ſur l'exportation des laines, droits qui, depuis l'établiſſement des manufactures, ſont tacitement annullés; une branche de l'exciſe qui, ſous Charles ſecond, fut attachée à la Couronne pour la dédommager des ſervices militaires qu'elle abandonnoit & qui, ſous Georges premier, a été fixée à ſept mille livres ſterling; un droit de deux shillings ſur chaque tonneau de vin importé; les débris de vaiſſeaux, dont le propriétaire n'eſt pas connu; les baleines jettées ſur la côte; les cygnes nageans dans le courant des grandes rivieres; & quelques autres reliques féodales, ſont tout ce qui reſte, aujourd'hui, de l'ancien Domaine de la Couronne.

Le Roi d'Angleterre a donc, il eſt vrai, le droit de lever des Armées & d'équiper des Flottes; mais, ſans le concours de ſon Parlement, il ne peut les entretenir. Il peut donner des places & des dignités; mais, ſans ſon Parlement, il ne peut en payer les appointemens. Il peut déclarer la guerre; mais, ſans ſon Parlement, il lui eſt impoſſible de la ſoutenir. En un mot, la Puiſſance royale, quelque grandes que ſoient ſes prérogatives, deſtituée, ainſi qu'elle l'eſt, du pouvoir des impoſitions, eſt un grand corps qui n'a point en ſoi le principe de ſon mouvement: c'eſt un vaiſſeau équipé, ſi l'on veut, complétement; mais auquel le Parlement peut, quand il veut, retirer les eaux & le mettre à sec, comme aussi le remettre à flot, en accordant des subsides.

Qu'on ne croie pas, au reste, que le Roi puisse, en usant d'adresse, éviter l'effet de la prérogative des Communes; qu'il puisse, par exemple, ne convoquer un Parlement que pour en obtenir de l'argent; &, en le dissolvant immédiatement après, se délivrer d'un Censeur qui doit lui rappeller ses devoirs. C'a été la maxime de tous les tems, de ne s'occuper de l'objet des subsides, que quand tous les autres sont réglés. Déjà, sous Henri quatrieme, les Communes exigerent que le Roi eût répondu à leurs Pétitions, avant de rien statuer sur cet article: & ce droit qu'elles revendiquoient, dès les tems de leur naissance, sans doute elles l'ont conservé, quand leur autorité s'est affermie. Pour me servir de l'expression de Thomas Wentworth dans le tems de Charles premier: *Subsides & Plaintes se sont toujours tenus par la main;* &, même, lorsque le Roi a montré de la répugnance pour un bill jugé particuliérement convenable au bien public, on l'a joint à un bill de subsides, & il n'a pas manqué de passer, dans cette *agréable compagnie.*

Si cette prérogative des Communes a un grand avantage, du côté de l'efficace; elle n'en a pas un moindre grand, du côté de sa sûreté.

Dans tous les Etats où l'on a cherché, jusques ici, à établir une Constitution libre, on n'a su trouver d'autre moyen que de diviser la puissance exécutive: d'où il est résulté un choc continuel, entre les Corps ou les personnes qui en étoient dépositaires; & il est toujours arrivé que l'un, à la fin, a subjugué l'autre & s'est affranchi de toute regle. C'est que pour renverser les Loix, il n'y avoit qu'à détruire les prérogatives d'un certain nombre de particuliers, & à supprimer des formes que l'ignorance, ou, si l'on veut, l'inadvertance générale faisoit regarder comme indifférentes.

Mais, en Angleterre, le contrepoids que la Constitution a donné à la Puissance royale, est, pour ainsi dire, imperdable. Il est tel, que le Souverain qui voudroit seulement y toucher, se met, tout de suite, aux prises avec toute la Nation, & en attaque tous les membres, à la fois, par le premier, ou du moins le plus vif & le mieux vû de leurs intérêts.

Aussi voyons-nous que, depuis l'établissement de ce droit, la balance a toujours penché en faveur des peuples. Quoique dans un état d'ignorance, si l'on fait une comparaison avec les tems actuels: quoiqu'une partie fût encore dans la servitude, &, surtout, quoique les Rois, prétendant régner par droit de conquête, ne leur laissassent que peu de droits précis à réclamer, ils ont continuellement resserré l'Autorité royale; &, quels qu'aient été les événemens, quelles éclipses même que la liberté ait pu souffrir, le droit d'accorder, ou de refuser, des subsides, n'a jamais même été contesté.

CHAPITRE VI.

Continuation du même sujet.

MAIS cette force de la prérogative des Communes & sa facilité d'être mise en jeu, avantages nécessaires pour élever la Constitution, sont, peut-être, trop considérables, aujourd'hui qu'il ne faut que la maintenir. Il pourroit être à craindre que, le Parlement usant de toute l'étendue de ses droits, le Souverain réduit au désespoir ne se portât à des extrêmités dangereuses; ou que la Constitution, qui ne subsiste que par l'équilibre, ne fût à la fin renversée.

C'est-là un cas que la prudence du Parlement a su prévoir. Il s'est, à cet égard, imposé des loix; &, sans toucher à sa prérogative elle-même, il en a modéré l'exercice. L'usage a, depuis longtems, prévalu, qu'au commencement d'un Regne & dans la sorte d'épanchement qui a lieu entre un Roi & son premier Parlement, on accorde au Roi, pour sa vie, un subside annuel (*a*). Subside qui, pour les grandes exertions de son pouvoir, ne le soustrait point à l'influence des Communes; mais qui le met, du moins, en état de soutenir la dignité de la Couronne, & lui accorde, à lui qui est le premier Magi-

(*a*) C'est ordinairement environ 800,000 livres sterling.

ſtrat de la Nation, une indépendance que la loi a donné auſſi aux Magiſtrats qui ſont chargés ſpécialement de l'adminiſtration de la Juſtice. (a)

Cette conduite du Parlement a ménagé à l'Etat une reſſource admirable. Quoique, par l'arrangement des choſes, les grandes uſurpations ſe trouvent impraticables; il eſt poſſible, il eſt inévitable même, que, par une ſuite de l'effort ſourd & continuel du pouvoir exécutif, il ſe gliſſe enfin des abus: & la ſurabondance de prérogative que le Parlement a ſagement miſe en réſerve, vient en fournir le remede. A la fin de chaque Regne, la *liſte civile*, & conſéquemment la ſorte d'indépendance qu'elle procuroit, prennent fin. Le Succeſſeur trouve un Trône, un Sceptre & une Couronne; mais il ne trouve ni pouvoir ni dignité même: &, avant de lui donner une poſſeſſion réelle de toutes ces choſes, le Parlement fait la revue de l'Etat; il explode les abus qui s'étoient introduits pendant le Regne précédent, & la Conſtitution eſt ramenée à ſes principes.

L'Angleterre jouit donc, en cela, d'un avantage très grand & que tous les Etats libres ont cherché à ſe procurer, je veux dire, celui d'une réformation périodique. Mais les moyens que les Légiſlateurs avoient imaginé ailleurs, ſe trouvoient toujours ſujets, dans la pratique, aux plus fâcheuſes conſéquences. Les loix qui devoient ramener à Rome l'égalité, eſſence d'un gouvernement démocratique,

(a) Les douze grands Juges.

y furent toujours inexécutables; la tentative seule pensa renverser la République: & l'opération que les Florentins appelloient *repigliar il stato*, n'eut pas de meilleures suites. C'est que tous ces différens remedes étoient détruits, à l'avance, par les maux mêmes qu'ils devoient guérir; & plus les abus étoient grands, plus il étoit impossible de les corriger.

Mais le moyen de réforme que sait se ménager le Parlement d'Angleterre, est d'autant plus assuré, qu'il va moins directement à son but. Il ne s'oppose pas de front à l'autorité usurpée; il ne l'attaque pas dans le milieu de sa course & dans le plein essor de son exercice: il va la chercher à sa source & dans le principe de sa vie. Il ne s'efforce pas de la renverser: il en énerve les ressorts.

Ce qui augmente la douceur de l'opération, c'est qu'elle ne s'adresse qu'aux usurpations elles-mêmes, & laisse, ce qui seroit bien plus terrible, l'orgueil compromis des usurpateurs. Tout se passe avec un Souverain qui jusques-là n'a point eu part aux affaires, & dont l'amour-propre n'est point engagé. Enfin, on ne lui arrache point ce qu'il convient qu'il abandonne: c'est lui-même qui en fait le sacrifice.

Tout cela est singuliérement confirmé par les événemens qui suivirent les regnes des deux Henris. Toutes les barriéres qui défendoient les peuples contre les excursions du Pouvoir, avoient été renversées; le Parlement, dans son effroi, avoit été jusques à statuer que les Proclamations, c'est-à-dire, les volontés du Roi, tiendroient lieu de Loi : (a) c'en étoit fait, ce semble, de la Constitution. Cependant, à la premiére occasion d'un nouveau regne, on vit la liberté commencer à reparoître. (b) Et, lorsqu'enfin la Nation, entiérement revenue de son long assoupissement, eut de nouveau l'occasion d'un changement de Souverain, cet amas énorme d'abus qui s'étoient accumulés, ou confirmés, pendant cinq regnes successifs, fut entiérement enlevé, & les anciennes loix furent rétablies.

Il y a plus : cette réforme si étendue, & qu'on pourroit appeller une seconde création de la Constitution, s'exécuta sans produire de secousse. Charles, ainsi qu'Edouard l'avoit fait avant lui, (c) consentit à tout ; & l'Acte appellé la *Pétition des Droits*, de même que celui qui acheva ensuite l'ouvrage, furent sanctionnés sans coup férir.

Il est vrai que de grands malheurs suivirent ; mais ils furent causés par des circonstances particuliéres. Dans les tems qui précéderent le regne des Tudors, la nature & les droits de la puissance royale n'ayant jamais été bien définis, le pouvoir exorbitant des Princes de cette maison n'eut pas de peine à intro-

---

(a) Statut 31. Henr. VIII. C. 8.

(b) Les Loix de trahison & le Statut qu'on vient de citer, furent abolis au commencement du regne d'Edouard six, successeur de Henri huit.

(c) Ou, ce qui revient au même, le Duc de Sommerset, son Oncle maternel, qui étoit Régent du Royaume, sous le nom de Protecteur.

duire des préjugés, même extravagans: ces préjugés, ayant eu cent cinquante années pour s'enraciner, ne purent être ſecoués qu'au moyen d'un mouvement violent des eſprits; ce mouvement continua après l'action, & il fut porté à l'excès par les querelles de religion qui ſurvinrent.

CHAPITRE VII.

Nouvelles Limites.

LEs Communes ne ſe ſont, cependant, pas totalement repoſées ſur les avantages de la grande prérogative dont elles ſont les dépoſitaires.

Quoique cette prérogative ſoit, en quelque façon, inattaquable, elles n'ont pas laiſſé de montrer, à ſon ſujet, la plus grande jalouſie. Jamais elles n'ont ſouffert, comme nous l'avons déja dit, qu'un bill de ſubſides commençât ailleurs que chez elles; & tout changement qu'on voudroit y faire, eſt ſûrement rejetté. Si les Communes ne s'étoient pas irrémiſſiblement réſervé l'exercice d'un droit, auquel leur exiſtence étoit attachée, il auroit pu gliſſer, à la fin, dans le Corps qu'elles y auroient laiſſé prendre part. Si d'autres, que les Repréſentans du Peuple, avoient pu offrir le produit des ſueurs & des travaux du Peuple, le Pouvoir exécutif eut bientôt oublié qu'il n'exiſte que pour l'avantage du Public.

D'un autre côté, quoique cette même prérogative soit d'un effet, pour ainsi dire, irréfistible, le Parlement n'a rien négligé de ce qui pouvoit y ajouter, ou du moins la faciliter : il a mis partout des restrictions expresses à l'exercice de la Puissance royale, & il a tracé autour d'elle des bornes fortement marquées.

Le Roi est le Chef de l'Eglise : mais il ne peut, ni toucher à la Religion établie, ni exiger compte de la foi des particuliers. (*a*) Il ne peut même professer la Religion que l'Etat a spécialement interdite ; &, le Prince qui la professeroit, est déclaré *incapable d'hériter, posséder, ou jouïr de la Couronne de ces Royaumes.* (*b*)

Le Roi est le Chef des Tribunaux : mais il ne peut rien changer aux maximes & aux formes que la loi ou l'usage ont consacrées : il ne peut même influer, en quoi que ce soit, sur la décision des affaires particuliéres ; & Jaques premier, assistant au jugement d'une cause, fut averti par le Juge, qu'il ne pouvoit délivrer d'opinion. (*c*) Enfin, quoique les

---

(*a*) La *Convocation*, soit l'assemblée du Clergé, dont le Roi est le Chef, ne doit régler que les choses purement Ecclésiastiques, & ne peut toucher *aux Loix, Coutumes & Statuts du Royaume.* St. 25. Henr. VIII. C. 19.

(*b*) A. I. Guil. & M. St. 2. C. 2.

(*c*) Cela a fait depuis un Article exprès du Statut de la 16. Année de Charles premier, le même qui supprima la Chambre étoilée. *Soit semblablement déclaré que, ni sa Majesté ni son Conseil privé, n'ont jurisdiction, pouvoir ou autorité d'examiner ou mettre en question, déterminer ou disposer, des biens des sujets de ce Royaume.* St. A. 16. C. I. Cap. 10. §. 5.

crimes se poursuivent en son nom, il ne peut le refuser aux particuliers qui ont des plaintes à former.

Le Roi a le droit de battre monnoie: mais il ne peut altérer le titre.

Le Roi a le pouvoir de faire grace: mais il ne peut exempter de la réparation particuliére d'une offense. Bien plus; la Loi a voulu que dans le cas d'un meurtre, la Veuve, ou le plus prochain héritier, eussent le droit de poursuivre le meurtrier: & le pardon du Roi, soit qu'il eût précédé le jugement rendu en conséquence de cette poursuite, soit qu'il eût été accordé ensuite, est absolument sans effet.

Le Roi a la puissance militaire: mais, sur cet article encore, il n'est point laissé à sa volonté. Il est vrai que, par rapport aux forces de mer, comme elles ont l'inestimable avantage de ne pouvoir être tournées contre la liberté de la Nation, en même tems qu'elles sont le plus sûr boulevard de l'Isle, il peut les entretenir, suivant qu'il le juge à propos; & il n'est, à cet égard, que sous la restriction générale de recourir au Parlement, pour en obtenir les moyens. Mais, par rapport aux forces de terre, comme elles fournissent un moyen immédiat de renverser toutes les barriéres, le Roi ne peut en avoir sur pié, sans le consentement exprès du Parlement: la garde de Charles second fut déclarée *anticonstitutionelle*; (a)

(a) Il l'avoit portée jusques à 4000 hommes.

& l'armée de Jaques fut une des raiſons qui le firent détrôner. (*a*)

Cependant, aujourd'hui, que les Princes ſont ſur le pied d'entretenir, en tems de paix, ces nombreuſes armées qui ſervent de prétexte & de moyen pour fouler les peuples, un Etat qui veut ſe maintenir, eſt obligé, juſques à un certain point, d'en faire de même. Le Parlement a donc jugé à propos d'établir un Corps ſubſiſtant de troupes, qu'on a porté à environ trente mille hommes; & dont le Roi a la diſpoſition.

Mais ce corps n'eſt établi que pour une année: au bout de ce terme il eſt licentié par le fait; & comme il ne peut être queſtion de le confirmer, mais de l'établir de nouveau & comme s'il n'eut jamais exiſté, le diſſentiment d'un ſeul des trois Ordres eſt asſez pour l'empêcher.

Il y a plus; les fonds pour le payement de ce corps de troupes, ſont aſſignés ſur des impoſitions qui ne ſont jamais établies que pour une année, (*b*) & il faut pareillement, au bout de ce terme, les rétablir de nouveau. (*c*) En un mot, ce moyen de défenſe que les circonſtances ont fait juger néceſſai-

(*a*) *Une armée ſubſiſtante, ſans le conſentement du Parlement, eſt contre Loi*, a dit depuis l'Art. 6. du Bill des Droits.

(*b*) La taxe ſur les terres, & ſur la drêche.

(*c*) Il faut que le Parlement renouvelle auſſi chaque année l'Acte qu'on appelle *Mutiny Act*, qui autoriſe les divers Conſeils de guerre, à punir la déſobéiſſance & la déſertion. Il peut donc refuſer au Roi juſques au nerf de la diſcipline militaire.

re, pouvant, d'un autre côté, devenir si funeste, n'a été joint à l'Etat que par un lien légérement assuré, & qu'on est maître de lâcher à la premiere apparence de danger. (*a*)

Mais ces loix prescrites à l'autorité du Roi n'eussent point été suffisantes. Comme elles ne sont, au fonds, que des barriéres morales qu'il pourroit ne pas toujours respecter. Comme l'influence que les Com-

(*a*) J'ajouterai à ces diverses restrictions mises au pouvoir du Roi, celle du serment qu'il prête à son Couronnement. Restriction qui, si elle ne peut avoir la précision d'une Loi proprement dite, a, d'un autre côté, l'avantage d'être plus solemnellement déclarée, & surtout d'influer plus sur l'opinion publique. Voici la traduction de la formule qui a été établie lors de la Révolution.

„ *L'Archevêque, ou Evêque, devra dire*: Promettez-vous & jurez-vous solemnellement de gouverner le peuple de ce Royaume „ d'Angleterre & de ses diverses Possessions, conformément aux „ Statuts faits en Parlement, & à leurs loix & coutumes? *Le* „ *Roi, ou la Reine, devra dire*: Je promets solemnellement de le „ faire.

„ *Archevêque, ou Evêque*: Voulez-vous faire, autant qu'il sera „ en votre pouvoir, que la Loi & la Justice soient exécutées, „ avec merci, dans tous vos jugemens? *Roi, ou Reine*: Je le „ veux.

„ *Archevêque, ou Evêque*: Voulez-vous maintenir, de tout votre pouvoir, les Loix de Dieu, la véritable profession de l'Evangile, & la Religion Protestante, telle qu'elle est établie par la „ Loi? Et voulez-vous conserver aux Evêques & au Clergé de ce „ Royaume, & aux Eglises qui leur sont confiées, tous les droits „ & privileges qui leur appartiennent ou appartiendront, ou à chacun d'eux? *Roi, ou Reine*: Je promets de faire toutes ces „ choses.

„ *Après cela, le Roi, ou la Reine, mettant la main sur les* „ *saints Evangiles, dira*: Les choses que j'ai ici promises, je les „ ferai & observerai: ainsi Dieu m'assiste. *Et ensuite ils baiseront* „ *le livre*. 1. Guil. & M. St. 1. C. 6.

Communes ont ſur ſes opérations, par un refus de ſubſides, intéreſſe trop tout l'Etat, pour s'appliquer à toutes les violations particuliéres & à des détails d'adminiſtration: &, enfin, comme ce moyen lui-même pourroit être, juſques à un certain point, éludé, ſoit en manquant aux promeſſes qui ont procuré des ſubſides, ſoit en les appliquant à d'autres uſages qu'à ceux auxquels ils ſont deſtinés, la Conſtitution a fourni, de plus, aux Communes, un moyen d'oppoſition immédiate aux malverſations du Gouvernement, en leur donnant le droit d'en pourſuivre les Miniſtres.

Le Roi lui-même eſt, il eſt vrai, hors de l'atteinte des Tribunaux; parce que, s'il en étoit un qui pût le juger, ce feroit ce Tribunal, & non pas lui, qui auroit finalement le Pouvoir exécutif: mais, d'un autre côté, il ne ſauroit agir ſans avoir des Miniſtres de ſes actions; ce ſont donc ces Miniſtres, c'eſt-à-dire, ces inſtrumens indiſpenſables, que l'on attaque.

Si, par exemple, les deniers publics ont été employés d'une maniére contraire aux intentions de ceux qui les avoient accordés, on pourſuit ceux qui en avoient le maniement. S'il s'eſt commis quelque abus d'autorité, ou, en général, quelque choſe de contraire au bien de l'Etat, on pourſuit ceux qui en ont été, ou les inſtrumens ou les moteurs. (a)

(a) C'eſt ainſi qu'au commencement de ce ſiécle, les Communes accuſerent le Comte d'Oxford, qui avoit conſeillé le Traité de

Mais, qui sera le Juge qui prononcera dans un tel procès ? Quel sera le Tribunal qui se flattera de donner un Jugement libre, lorsqu'il verra se présenter à sa barre le Gouvernement lui-même comme accusé ; & les Représentans du Peuple comme accusateurs ?

C'est devant la Chambre des Pairs que la Loi indique aux Communes de porter leur accusation, c'est-à-dire, devant des Juges que leur dignité, d'un côté, rend indépendans ; & qui, de l'autre, ont un grand honneur à soutenir, dans cette noble fonction, où ils ont toute la Nation pour spectateurs.

Lorsque *l'impeachment* a été annoncé aux Seigneurs, ils ordonnent, pour l'ordinaire, l'emprisonnement de l'accusé. Au jour désigné, lui & les Députés de la Chambre des Communes comparoissent ; le bill d'accusation est lu en sa présence ; on lui accorde un Conseil & du tems pour travailler à sa défense ; &, à l'expiration du terme, l'information & la procédure se suivent, de jour à jour & à huis ouverts, & tout est rendu public par la voie de l'impression.

Mais, quelle facilité que la loi accorde au prévenu pour sa justification, c'est du fonds même de la chose qu'il doit tirer ses moyens. Il ne lui serviroit de rien, pour justifier une conduite criminelle, d'alléguer les ordres du Souverain ; ou, passant condamnation sur les choses qu'on lui impute, d'en produire

---

Partage ; & le Chancelier le Lord Sommers, qui y avoit apposé le grand sceau.

le pardon. C'est contre l'Administration elle-même que la procédure s'instruit ; elle ne doit donc y avoir aucune part : le Roi ne peut ni en arrêter ni en suspendre le cours ; il voit, spectateur immobile, dévoiler la part qu'il peut avoir eue aux illégalités de ses serviteurs, & il entend sa sentence, dans la condamnation de ses Ministres.

Moyen admirable ! qui, en écartant & punissant des Ministres prévaricateurs, apporte tout de suite le remede aux maux de l'Etat, & indique fortement les bornes où le pouvoir doit se renfermer ; qui ôte le scandale du crime & de l'autorité réunis ; & qui tranquillise les peuples par un grand acte de justice : moyen, en cela surtout, si utile, que c'est au défaut d'un pareil que Machiavel attribue la ruine de sa République. (a)

Enfin, toutes ces précautions pour assurer les Droits du Parlement pris en général, c'est-à-dire, ceux de la Nation, contre les efforts du Pouvoir exécutif, auroient été vaines, si ses Membres, eux-mêmes, y étoient restés exposés. Ne pouvant attaquer ouvertement les deux Corps, & par la réunion de toutes ses prérogatives, livrer un assaut général, il eut, en subdivisant ces mêmes prérogatives, gagné secretement une entrée ; &, tantôt par l'intérêt, tantôt par la crainte, dirigé les volontés générales, en influant sur celles des individus.

(a) Discours politiques. Liv. I. Chap. VII.

Mais les loix, qui pourvoient si efficacement à la sûreté du Peuple, ne pourvoient pas moins à celle des Membres, soit de la Chambre des Pairs, soit de celle des Communes. On ne connoît, en Angleterre, ni ces Commissaires qui trouvent coupables tous ceux qu'il convient à l'ambition qu'ils soient traités comme tels; ni ces emprisonnemens secrets qui sont, ailleurs, les moyens du Gouvernement. La forme & les maximes des Tribunaux sont inébranlablement prescrites; & chacun ayant un droit invariable à n'être jugé que par elles, peut suivre, sans crainte, la voix du patriotisme. Enfin, ce qui met le comble à ces précautions, c'est que c'est une maxime fondamentale „ que la „ liberté de propos, les discussions & procédés en „ Parlement, ne doivent être ni poursuivis, ni mis „ en question, en aucun Tribunal ou lieu, hors du „ Parlement. (*a*)

Les Législateurs, d'un autre côté, n'ont pas oublié que l'intérêt peut, aussi bien que la crainte, imposer silence au devoir. Pour prévenir ses effets, il a été statué, que toutes personnes intéressées dans la perception des taxes; les commissaires chargés de pourvoir à la subsistance des troupes & des flottes; les commis dans les différens bureaux de Finances; &, en général, toutes personnes ayant un

---

(*a*) An. 1. de Guillaume & Marie. Stat. 2. Cap. 2.

office *sous la Couronne* (a), ou une pension *durant plaisir*, ou pour un terme, sont incapables d'être élus membres de la Chambre des Communes. De plus, tout membre actuel de la Chambre des Communes, qui accepte un office *sous la Couronne* (b), perd sa place, & ne peut siéger que dans le cas où il seroit réélu.

Telles sont les précautions des Législateurs, pour prévenir l'influence de la grande prérogative d'accorder les graces : précautions, qui ont été prises successivement & à mesure que le besoin s'en est déclaré ; & qui sont dues à des causes puissantes & capables d'en faire établir de nouvelles, si jamais les circonstances le requierent. (c)

(a) Il y a, par rapport à ces offices, quelques exceptions, venant de la différence dans les tems de leur création, qu'il est inutile de rapporter ici.

(b) A moins qu'il ne s'agisse d'un officier, dans l'armée ou sur la flotte, qui parvient à un nouveau poste.

(c) Rien ne prouve plus l'efficace des causes qui assurent la liberté Angloise, & que nous aurons occasion d'exposer ensuite, que ces victoires que le Parlement remporte, de tems en tems, sur lui-même, & dans lesquelles ses membres, oubliant les vues quelconques de leur ambition, ne pensent qu'à leurs intérêts comme Citoyens.

CHAPITRE VIII.

Liberté particulière.

Nous n'avons parlé, jusques ici, que de la liberté générale, c'est-à-dire, des Droits de la Nation, comme Nation, & de son influence sur le Gouvernement. Il nous reste à parler, actuellement, d'une chose sans laquelle cette liberté générale, manquant absolument son but, ne seroit qu'une affaire d'ostentation, & même ne sauroit subsister : j'entends la liberté des individus.

La liberté particulière, suivant la division des Jurisconsultes Anglois, est formée : Premiérement, du droit de *propriété*, c'est-à-dire, du droit de jouir exclusivement des dons de la fortune ou des fruits quelconques de son industrie : Secondement, du droit de *sûreté personnelle* : Troisiémement, de la *faculté locomotion*, soit liberté, prise dans un sens plus particulier.

Chacun de ces droits, disent encore les Jurisconsultes, est inhérent à la personne de tout Anglois : ils lui sont un droit de naissance, & il ne peut en être privé, qu'en vertu de jugemens rendus conformément à la loi du pays. Et, en effet, ce droit de naissance étant exprimé en Anglois par un seul mot, & qui est le même que celui qui exprime le Droit du Roi à sa Couronne (*birth-right*), lui a été souvent opposé dans des tems d'oppression, comme un droit, d'une moindre étendue sans doute, mais d'une sanction égale à celle du sien.

Un des principaux effets du droit de *propriété* est, que le Roi ne peut exiger de ses sujets aucune portion de ce qu'ils possèdent; il doit attendre qu'ils lui en fassent eux-mêmes le don: & ce droit qui, comme on l'a vu, est par ses conséquences le rempart de tous les autres, a de plus l'effet présent de prévenir une des grandes causes d'oppression.

Par rapport aux atteintes, auxquelles le droit de propriété peut être exposé de particulier à particulier, je crois que j'aurai tout dit, lorsque j'aurai dit, qu'il n'est, en Angleterre, aucun homme qui puisse s'opposer à la force irrésistible des loix. Que les Juges ne pouvant être privés de leur place que sur une accusation du Parlement, l'effet du crédit auprès du Prince, ou auprès de ceux qui approchent la personne du Prince, ne sauroit influer sur les jugemens. Que les Juges ne pouvant prononcer, que lorsque le point de fait a été établi par des hommes nommés, pour ainsi dire, au choix des parties, l'effet des passions particuliéres, par conséquent l'acception des personnes, est bannie des Tribunaux. Cependant, pour ne rien laisser à désirer sur la chose dont j'ai entrepris de donner une idée, je dirai, en général, quelle est la Jurisprudence qui a lieu en Angleterre.

Lorsque les Pandectes furent retrouvées à Amalphi, les Ecclésiastiques, qui étoient alors les seuls hommes en état de les entendre, ne négligerent pas cette occasion d'augmenter l'influence qu'ils avoient déjà; & ils les firent recevoir dans la plus grande partie de l'Europe. L'Angleterre, qui étoit destinée à avoir une Constitution si différente de celle des autres Etats, devoit avoir la singularité de plus de rejetter le Droit Romain.

Sous Guillaume le Conquérant & sous les Rois qui le suivirent, une foule d'Ecclésiastiques étrangers s'introduisit à la Cour d'Angleterre. Leur crédit, qui pouvoit être ailleurs regardé comme une chose indifférente, ne le fut pas, dans un pays, où le Souverain étant tout-puissant, acquérir du crédit sur son esprit c'étoit acquérir la puissance même. La Noblesse Angloise vit, avec la plus grande jalousie, le pouvoir d'hommes d'un état si différent du sien, & aux coups duquel elle étoit immédiatement exposée; & elle crut que ce seroit y mettre le comble, que d'adopter des loix que ces mêmes hommes cherchoient à introduire, & dont ils seroient nécessairement les dépositaires & les interprêtes.

Il arriva donc, par un hazard assez singulier, que les loix Romaines, apportées en Angleterre par des Moines, s'y associérent à l'idée du pouvoir Ecclésiastique; exactement comme la religion de ces mêmes Moines, prêchée dans la suite par des Rois qui prétendoient à être despotiques, s'y associa avec l'idée du Despotisme. La Noblesse les rejetta dans tous les tems, même avec humeur (*a*), & l'Usurpa-

---

(*a*) La Noblesse déclara sous le regne de Richard II: „ Que le „ royaume d'Angleterre n'etoit devant ces heures, ne a l'entent de

teur Etienne, qui avoit intérêt de se la concilier, alla jusques à en défendre l'étude.

L'arrangement des choses établissant, comme nous l'avons vu, une grande communication entre la Noblesse & le Peuple, la haine du Droit Romain s'étendit de proche en proche; & ces loix, que leur sagesse en bien des cas, &, sur-tout, leur étendue, eussent dû faire recevoir, quand la Jurisprudence Angloise étoit elle-même au berceau, éprouverent de la part des gens de loi l'opposition la plus constante. Et, comme ceux qui cherchoient à les introduire, renouvellerent souvent leurs tentatives, il se fit à la fin une sorte de conjuration parmi les Laïques, pour les reléguer dans les Universités & dans les Monasteres. (*a*)

Cette opposition alla au point, que Fortescue, *Chief Justice* & ensuite Chancelier sous Henri six, a écrit un livre intitulé *de laudibus Legum Angliæ*, où

„ roy notre Seignior & Seigniors du Parlement unques ne sera, „ rulé ne goverué par la ley civil". *In Rich. Parlamento Westmonasterii*, 3 *Febr. Anno.* 11.

(*a*) Je pourrois faire voir, si cela étoit de mon sujet, que la liberté de penser, en matiére de religion, qui a regné de tout tems en Angleterre, tient aux mêmes causes que sa liberté politique: toutes les deux sont dues à ce que ceux qui, dans d'autres Etats, trompent le peuple, ou voient avec plaisir qu'on le trompe, y ont été forcés de se le réunir & de l'éclairer. Au reste, les fréquens changemens de religion de l'Angleterre, ne prouvent autre chose que le grand nombre de sectes: il n'y en avoit aucune qui ne pût être la dominante dès que le Souverain jugeoit à propos de se déclarer pour elle; & ce n'étoit pas l'Angleterre, comme on le croit à la premiére lecture, c'étoit son Gouvernement qui changeoit de religion.

il se propose d'établir la supériorité des Loix Angloises sur les Loix Civiles; &, pour ne rien laisser à désirer sur cet article, il leur donne l'avantage de l'ancienneté, & en fait remonter l'origine bien avant la fondation de Rome.

Cet esprit s'est, même, conservé jusques à des tems très postérieurs; &, à voir le nombre de paragraphes que Hale, qui écrivoit sur la fin du dernier siécle, a employé (a) à prouver que dans le peu de cas où la Loi Civile est admise en Angleterre, elle n'y a point force en vertu d'une déférence aux ordres de Justinien (chose qui sûrement n'avoit pas besoin de preuves,) on sent que ce *Chief Justice*, qui étoit, en même tems, un très grand Jurisconsulte, avoit conservé, à cet égard, une sorte de chaleur de parti.

Aujourd'hui encore, les Jurisconsultes Anglois attribuent la liberté dont ils jouissent, & dont d'autres Nations sont privées, à ce qu'ils ont rejetté, tandis que ces Nations ont accepté, le Droit Romain: ce qui est prendre l'effet pour la cause. Ce n'est pas parce que les Anglois ont rejetté le Droit Romain, qu'ils sont libres; c'est parce qu'ils étoient libres, ou, du moins, parce qu'il y avoit chez eux des causes qui devoient, à la fin, y établir la liberté, qu'ils ont pu rejetter le Droit Romain. Lors même qu'ils l'auroient admis, les causes qui les ont mis en

(a) Dans son Histoire de la Commune Loi.

état de rejetter le tout, les auroient aussi mis en état de rejetter la partie qui ne leur auroit pas convenu; & ils auroient vu qu'il est très possible de recevoir les décisions du Droit Civil au sujet des *servitudes urbaine & rustique*, sans adopter, pour cela, ses principes, au sujet du pouvoir des Empereurs. (*a*)

C'est de quoi la Hollande fourniroit la preuve, s'il n'y avoit pas celle qui est beaucoup plus frappante, de l'Empereur d'Allemagne, qui, quoique, dans l'idée de ses peuples, successeur au Trône même des Césars, n'a pas, à beaucoup près, le pouvoir du Roi d'Angleterre; & la lecture des divers Traités, qui lui ôtent jusques au droit de nommer aux principaux Offices de l'Empire, rassure suffisamment contre l'esprit de soumission illimitée, qu'on voudroit regarder comme découlant nécessairement de l'admission du Droit Civil.

La Loi qui a donc lieu, en Angleterre, est ce qu'on y appelle la Loi non écrite, appellée aussi la Commune Loi, (*Common law;*) & la Loi Statuée, (*Statute law*).

La Loi non écrite est ainsi appellée, non qu'elle soit transmise uniquement de bouche, de génération en génération; mais, parce qu'elle n'est fondée sur aucun acte connu de la Puissance législative. C'est de la coutume immémoriale qu'elle tire sa force; &

(*a*) Ce qui effraye surtout les Jurisconsultes Anglois, est le §. 1. L. 1. T. 4. L. I. du Dig. *Quod Principi placuit legis habet vigorem.*

elle a ſon origine, ſoit dans les anciennes loix Saxonnes, ſoit dans les Actes de Parlement poſtérieurs à la Conquête, ſurtout, ceux qui ſont antérieurs au tems de Richard premier, & dont les originaux ſont perdus.

Les principaux objets qui ſont réglés par la Commune Loi ſont, l'ordre des ſucceſſions; les différentes manieres d'acquérir la propriété; & les diverſes ſolemnités requiſes pour la validité des contracts: tous articles par rapport auxquels elle differe du Droit Civil. Ainſi, par la Commune Loi les terres deſcendent à l'aîné, à l'excluſion de tous ſes freres ou ſœurs: ainſi encore, la propriété s'acquiert par l'écriture; au lieu que par le Droit Civil il falloit, de plus, la *tradition*, &c.

La ſource où ſe puiſent les déciſions de la Commune Loi eſt, dans ce qu'on appelle, *præteritorum memoria eventorum*, & elle ſe trouve dans la Collection des jugemens qui ont été rendus de tems immémorial, & qui, ainſi que la procédure qui y a rapport, ſont ſoigneuſement conſervés ſous le titre de *Records*. Afin que les principes que cette ſuite de jugemens établit, ſoient connus, les extraits en ſont donnés au Public ſous le nom de *Reports*; & ces Reports remontent, par une ſuite réguliére, juſques au tems d'Edouard ſecond, incluſivement.

Outre cette collection, qui eſt volumineuſe, il y a encore quelques anciens auteurs dont l'autorité eſt grande parmi les Juriſconſultes. Tels ſont *Glanvil*, qui écrivoit ſous Henri ſecond; *Bracton*, qui écrivoit ſous Henri trois; *Fleta; Littleton.* Parmi les écrivains plus modernes, eſt *Sir Edward Coke, Chief Juſtice* ſous Jaques premier, qui a écrit quatre Livres d'*Inſtituts*, & qui eſt, aujourd'hui, l'Oracle de la Commune Loi.

La Loi non écrite comprend, de plus, quelques coutumes particuliéres, qui ſont un reſte des anciennes loix Saxonnes, échappées au déſaſtre de la Conquête. Telle eſt celle appellée de *Gavelkind*, dans la Comté de Kent, par laquelle les terres ſont partagées entre les fils également: & celle qui eſt appellée *Borough English*, & a lieu dans quelques diſtricts, par laquelle les terres paſſent au cadet.

Le Droit Civil eſt auſſi relegué dans la Loi non écrite, parce qu'il n'eſt reçu, non plus, qu'en vertu d'une coutume immémoriale. Il eſt ſuivi dans les Cours Eccléſiaſtiques; dans la Cour de l'Amirauté; & dans les Cours des deux Univerſités: mais il n'y eſt que *lex ſub lege graviori*, & ces différentes Cours doivent ſe conformer aux Actes du Parlement & au ſens qu'y donnent les Cours de la Commune Loi; & ſont ſoumiſes à leur inſpection.

Enfin, la Loi écrite eſt la collection des divers Actes de Parlement, & dont les originaux ſont ſoigneuſement conſervés, ſurtout depuis le regne d'Edouard trois. Sans entrer dans les diſtinctions que les Juriſconſultes font à leur égard, d'Actes *publics ou particuliers; abrogatoires* ou *déclaratoires*; *extenſifs* ou *reſtrictifs*, de la Commune Loi; il ſuffira de dire qu'étant l'effet de la réunion des trois volontés de la

Puissance législative, ils réduisent au silence, dans tous les cas où ils prononcent, & la Commune Loi & les loix particulieres; & les Juges doivent en prendre connoissance & prononcer en conformité, lors même que les Parties négligeroient de les alléguer.

Les différens Tribunaux pour l'administration de la Justice sont, indépendamment de quelques petites Cours particuliéres.

I. La Cour des Communs plaids: *Common pleas.* Elle faisoit anciennement partie de *l'Aula Regis*; mais ce Tribunal suivant toujours la personne du Roi, & les particuliers trouvant beaucoup de difficultés à obtenir justice d'un Tribunal sans cesse ambulant, ce fut un des articles de la grande Charte que la Cour des Communs plaids auroit dorénavant un lieu fixe, (a) & depuis ce tems elle a siégé à Westminster. Elle est composée du Lord *Chief Justice* des Communs plaids & de trois autres Juges: les appels, soit *Writs*, ou *Ecrits d'erreur*, sont portés à la Cour du Banc du Roi.

II. Il y a le Tribunal appellé la Cour de l'*Echiquier.* C'étoit, originairement, un Tribunal établi pour juger les causes où le Roi, soit ses serviteurs, avoient intérêt, & qui successivement est venu à connoître de toutes. Il est composé du *Chief Baron* de l'Echiquier & de trois autres Juges. Les *Writs d'erreur* sont portés à la Cour de la *Chambre de l'Echiquier.*

(a) *Communia placita non sequantur Curiam nostram, sed teneantur in aliquo loco certo.* Magna Charta, cap. 11.

III. Le Tribunal du Banc du Roi, *King's Bench*, forme la partie de *l'Aula Regis* qui subsista après le démembrement de la Cour des Communs plaids. C'est le Tribunal dont l'autorité est la plus étendue : il a la surintendance sur toutes les diverses Corporations ; & il retient les diverses Jurisdictions dans leurs bornes respectives. Il connoît, suivant le but de la premiere institution, de toutes les causes criminelles, & même de plusieurs causes purement civiles. Il est composé du Lord *Chief Justice* du *King's Bench* & de trois autres Juges. Les Writs d'erreur en sont portés à la Cour de la Chambre de l'Echiquier ; ou, dans le plus grand nombre de cas, à la Chambre, ou plutôt, *Maison* des Pairs.

IV. Il y a la Cour de la *Chambre de l'Echiquier*. Cette Cour, suivant qu'elle est formée, reçoit les *Writs d'erreur* ou de l'Echiquier ou du *King's Bench*. Lorsqu'elle est composée des douze Juges qui forment les Tribunaux dont nous venons de parler, &, quelquefois, du Chancelier, elle a pour fonction de délibérer sur des causes importantes & difficiles, avant que le jugement en soit prononcé dans les Cours où elles sont pendantes.

V. La Cour du Lord Chancelier. Indépendamment des pouvoirs qui sont attachés, à-peu-près partout, à cet Office, cette Cour est, de plus, ce que les Jurisconsultes Anglois appellent *Officina Justitiæ*. Pour expliquer ceci, je dois observer une nouvelle différence entre les Loix Angloises & les Loix Civiles.

Par celles-ci, un homme avoit droit d'en citer un autre à comparoître par devant le Préteur, ou même de l'y mener de force, *manus injiciendo*; mais, en Angleterre, la ſeule maniére d'obliger un homme à comparoître par devant un Tribunal, c'eſt d'obtenir, de la Chancellerie, un Writ au nom du Roi, qui lui en donne l'ordre. Ces Writs, qui ne peuvent ſe refuſer ſans manquer à la grande Charte, (*a*) ſont des formules toutes préparées, & ſemblables en cela aux anciennes *Actiones legis*, tellement adaptées, chacune à un certain genre d'action, que lorſqu'il ſe préſente un nouveau cas pour lequel il n'exiſte aucun Writ connu, & que les officiers de la Chancellerie, aſſemblés, ne s'accordent pas à en former un, le Parlement lui-même, en vertu d'un Statut d'Edouard premier, doit y pourvoir. (*b*)

La Cour de la Chancellerie a une autre fonction, qui eſt celle d'être une des deux Cours d'*Equité*; la Cour de l'Echiquier, ſuivant comme elle eſt formée, étant

(*a*) *Nulli differemus aut negabimus Juſtitiam vel rectum.* Cap. 29.

(*b*) Ces Writs reglent tellement toute la procédure, qu'ils donnent leur nom à preſque tous les divers Actes, & ce nom ſe tirant ordinairement du premier mot de l'ancien Writ latin & étant purement technique, cela forme des expreſſions qu'on entend ſouvent avant de les comprendre. Ainſi un *Pone* eſt pour obliger celui qui refuſe de paroître en jugement, à donner caution; *pone per vadium & ſalvos plegios*. Une Action de *Qui tam*, eſt pour demander ſa portion d'une amende portée par un Statut pénal, auquel on a dénoncé un contrevenant; ce qui eſt une ſorte d'accuſation publique: *qui tam pro Domino Rege, quam pro ſe ipſo in hac parte ſequitur*. Un Writ de *Sub pœna* eſt pour faire comparoître des témoins, & celui qui l'a reçu eſt dit être *Subpœné*, &c.

étant l'autre. Ce mot de Cour d'Equité, ne signifie pas, au reste, que les Juges puissent s'y écarter du dispositif de la Loi, & sous le prétexte d'éviter les inconvéniens passagers d'une application littérale, introduire le mal qui seroit le plus grand de tous, je veux dire, une administration arbitraire de la Justice. Quel qu'ait été, dans l'origine, le but de l'institution de ces deux Cours, elles ne different, actuellement, des Cours de la Commune Loi, qu'en ce qu'elles offrent des remedes ou moyens légaux, dans des cas où celles-ci, par une suite de l'attachement pédantesque qui régnoit anciennement à ne juger que sur le fonds même des Writs, n'en peuvent, aujourd'hui, fournir aucun. C'est ainsi que les Cours d'Equité peuvent, dans le cas d'un défaut de preuves, imposer le serment à l'une des Parties. Elles peuvent nommer des Commissions pour faire déposer des témoins absens. Elles peuvent encore, au lieu de résoudre en dommages & intérêts, condamner à l'exécution précise d'un engagement: mais, à l'exception de ces cas & d'un petit nombre d'autres pareils, elles ne peuvent s'écarter des principes de la Commune Loi; bien moins encore réformer, sous prétexte d'Equité, les Jugemens rendus dans les autres Cours. (*a*)

VI. La Chambre des Pairs est la plus haute Cour de Judicature: assistée des douze grands Juges, qui cependant n'y ont pas droit de suffrage, elle reçoit,

(*a*) Commentaires de Blackstone, Liv. 3. chap. 27.

dans certains cas, les appels des Jugemens rendus dans les deux Cours d'Equité, & les *Writs* d'erreur des Jugemens rendus dans les Tribunaux de la Commune Loi.

VII. Enfin, il y a une Cour qui se forme sur une Commission du Roi & qui a pour fonction de parcourir un certain nombre de Comtés qui lui sont assignées; d'y vérifier, par des déclarations de *Jurés*, les matiéres de fait, dans les causes qui sont pendantes par devant les Cours de Westminster; & pour y juger, de plus, les diverses causes criminelles. Elles sont nommées deux fois par année &, à chaque fois, il s'en forme quatre, qui doivent embrasser toute l'Angleterre dans leur circuit. Elles sont composées de deux ou plusieurs des Juges des Cours de Westminster & sont nommées les Cours d'Assise.

En voilà assez sur un sujet qui n'entroit pas essentiellement dans mon plan, mais à l'égard duquel je suis entré dans quelque détail, parce qu'il tient à des objets qui, sans cela, n'eussent pas été suffisamment entendus.

CHAPITRE IX.

Justice Criminelle.

Je me propose de parler actuellement d'une chose qui, quoiqu'elle ne fasse pas en Angleterre, & même ne doive faire nulle part, partie des Pouvoirs

Constitutionels, c'est-à-dire, des prérogatives au moyen desquelles les puissances de l'Etat se balancent mutuellement; d'un autre côté, intéresse essentiellement la sûreté particulière & par contrecoup la Constitution elle-même: c'est la Justice Criminelle que je veux dire. Mais, avant que d'exposer quelles sont, à cet égard, les loix d'Angleterre, il est certaines choses que je prie qu'on observe.

Lorsqu'une Nation confie à un certain nombre de personnes, ou à une seule, le dépôt de la force publique, elle se propose deux choses: l'une, de résister plus sûrement aux aggressions du dehors; l'autre, de maintenir, au dedans, la tranquillité.

Pour parvenir au premier but, chacun sacrifie, jusques à un certain point, de sa propriété ou, quelquefois même, de sa liberté; mais, quoique le pouvoir de ceux qui se trouvent les Chefs de l'Etat, puisse être, par-là, très considérable, cependant on ne peut pas dire que la liberté publique soit, après tout, dans un grand danger; parce que dans le cas où le Prince tourneroit contre la Nation une force qu'il ne doit employer que pour elle, cette Nation, si elle étoit véritablement libre, par où j'entends si elle n'avoit point de préjugés politiques, sauroit très bien les moyens de pourvoir à sa sûreté.

Par rapport au second but, c'est-à-dire, la tranquillité intérieure; indépendamment de nouveaux sacrifices de sa liberté, chacun doit, encore, ce qui est bien plus délicat, faire celui d'une partie de sa sûreté personnelle.

La Puiſſance Légiſlative placée, par la nature des choſes humaines, dans l'alternative, ou d'expoſer les particuliers à des dangers qu'elle peut extrêmement diminuer, ou de livrer l'Etat aux maux qui ſont ſans limites, de la violence & de l'anarchie, ſe voit forcée de rendre chacun de ſes membres acceſſible aux atteintes de la force publique, &, en leur retirant le bénéfice du pacte ſocial, de les laiſſer à leur foibleſſe individuelle, vis-à-vis de la puiſſance rélativement immenſe des Exécuteurs des loix.

Il y a plus: au lieu que cette puiſſance devoit, dans le premier cas, éprouver une ſi grande réaction; ici, elle ne doit en rencontrer aucune; & la loi eſt obligée d'aller juſques à interdire la tentative même de la réſiſtance. C'eſt donc à régler un pouvoir ſi dangereux, & à faire enſorte qu'il ne ſoit employé qu'à ſon but, c'eſt-à-dire, véritablement & uniquement au maintien de l'ordre, que la Légiſlation doit ſe ſurpaſſer elle-même.

Mais il y a ceci de très important à obſerver; c'eſt que plus la Nation s'eſt réſervé de pouvoirs, plus elle a mis, par conſéquent, de bornes à celui des Exécuteurs des loix; plus les précautions doivent être ingénieuſement recherchées.

Dans un Etat où, par une ſuite d'événemens, on en eſt venu au point que la volonté du Prince tient lieu de loi, il étend, à volonté & ſans réſiſtance, une oppreſſion générale; les plaintes mêmes ſont étouffées, & chaque objet particulier, indiſcernable à ſes yeux, trouve une ſorte de ſûreté dans ſon néant. Par rapport au petit nombre de ceux qui l'approchent, comme ils ſont, d'un autre côté, les inſtrumens de ſa grandeur, ils ne peuvent avoir que des caprices à redouter: danger contre lequel, s'il regne une certaine douceur dans les mœurs, ils ſont, juſques à un certain point, raſſurés.

Mais dans un Etat où les Exécuteurs des loix trouvent à chaque pas des obſtacles, leurs paſſions, même les plus fortes, ſont continuellement miſes en jeu; & cette portion de la force publique, qui eſt, entre leurs mains, l'inſtrument qui doit aſſurer à l'Etat la tranquillité, devient facilement une arme très dangereuſe.

Et pour ne prendre d'abord que le cas le plus favorable; ſuppoſons celui d'un Prince qui a en tout les intentions les plus droites; ſuppoſons, encore, qu'il ne prête jamais l'oreille aux ſuggeſtions de ceux qui ont intérêt de le tromper: mais il ſera ſujet à erreur. Et cette erreur, qui, je le veux encore, ne viendra que de ſon attachement au bien public, pourra, néanmoins, le conduire à agir, comme s'il avoit des vues toutes oppoſées.

Dans les occaſions qui ſe préſenteront, & il s'en préſentera ſouvent, de faire le bien de l'Etat, en paſſant par deſſus les regles; raſſuré, d'un côté, par la droiture de ſes intentions, &, de l'autre, n'étant pas naturel qu'il employe beaucoup de ſagacité à découvrir les conſéquences fâcheuſes d'actes dans leſquels ſa vertu même fait qu'il ſe complaît, il ne verra point que, pour obtenir un avantage préſent, il donna atteinte aux Loix qui font la sûreté de la Nation ; & que ces actes, si louables quand on regarde à leur principe, ouvrent la brêche par laquelle doit un jour entrer la tyrannie.

Bien plus : il ne comprendra pas même les plaintes qu'on pourra lui faire : insister dessus lui paroîtra la chose la plus injurieuse : l'amour-propre, peut-être sans qu'il s'en doute, viendra se mettre de la partie ; il poursuivra avec chaleur ce qu'il a commencé de sang froid ; & si les loix n'y ont pas pourvu, il pourra être dans la bonne foi & traiter comme ennemis de l'Etat des hommes dont tout le crime sera, ou d'avoir plus de lumiéres que lui, ou d'avoir été dans une meilleure position pour juger de l'effet des choses.

Mais c'est faire beaucoup d'honneur à la nature humaine, de supposer que ce cas d'un Prince qui n'a jamais l'intention d'augmenter sa puissance, soit un cas bien ordinaire. L'expérience atteste, au contraire, que les caracteres les plus heureux ne résistent pas à la tentation du pouvoir : il n'a de charmes qu'autant qu'il met en état d'aller plus loin ; & l'autorité, détestant jusques à l'idée de liens, ne cesse de s'agiter qu'elle ne s'en soit enfin affranchie.

Renverser ouvertement toutes les limites & se porter, tout-à-coup, pour Maître absolu, sont des choses que nous avons dit être impraticables : mais, d'un autre côté, ces pouvoirs de la Nation qui bornent celui du Prince, ne peuvent avoir d'effet qu'autant qu'ils sont mis en jeu par des particuliers : tantôt c'eſt un Citoyen qui, par la publicité & la force de ſes plaintes, ouvre les yeux de la Nation; tantôt c'eſt un Membre actuel du Corps Légiſlatif qui propoſe une loi pour remédier à un abus de l'autorité; ce ſera donc contre ces particuliers que le Prince va porter tous ſes efforts. (*a*)

Il le fera même d'autant plus ſûrement que, ſuivant l'erreur ordinaire à ceux qui gouvernent, il croira que l'oppoſition qu'il éprouve, quoique générale, ne tient qu'à une ou deux têtes; & au milieu des calculs qu'il fera, d'un côté, de la petiteſſe de l'obſtacle qui ſe préſente à ſurmonter; & de l'autre, de l'avantage déciſif de l'unique coup qu'il croit avoir à frapper, il ſera excité par le déſeſpoir de l'ambition qui ſe voit ſur le point d'échouer, & par la plus violente de toutes les haines, je veux dire celle qu'a précédé le mépris.

Dans la ſuppoſition que je fais toujours d'une Nation véritablement libre, des procédés militaires ne ſont pas des choſes auxquelles le Prince puiſſe ſeulement penſer: une telle violation du pacte ſocial, jointe à l'horreur du moyen, le mettroit à coup ſûr en danger. Mais, d'un autre côté, comme il a juré de réuſſir, à defaut d'autres reſſources, il jettera toute ſon activité du côté des moyens que la Loi lui a laiſſé, de déployer la force publique; & ſi elle n'a

(*a*) Par *le Prince* j'entends tous ceux qui, avec quelque titre que ce ſoit & dans quelque Gouvernement que ce ſoit, ſont à la tête des affaires.

pas pourvu, pour ainſi dire, à tout, il fera ſervir le peu de précautions qu'elle aura priſes, à couvrir ſes injuſtices; il ſe portera avec force vers ſon but particulier, en parlant ſans ceſſe du bien général; & il détruira les défenſeurs de la Loi, à l'abri des formes qu'elle a preſcrites. (*a*)

Il y a plus: indépendamment des maux préſens qu'il pourra faire, ſi la Légiſlation ne s'interpoſe pas à tems, les coups frapperont ſur la Conſtitution elle-même; &, la conſternation venant à être générale, chacun ſe trouvera enchaîné, dans un Etat qui aura toutes les apparences d'être libre.

Non-ſeulement la ſûreté du Citoyen, mais celle de l'Etat lui-même, exigent donc les plus grandes précautions dans l'établiſſement de la puiſſance néceſſaire, mais ſi redoutable, d'infliger des peines. La premiere à prendre, celle-même ſans laquelle il eſt impoſſible d'en prévenir les dangers, c'eſt qu'elle ne ſoit jamais laiſſée à la diſpoſition, ni même à l'influence, de celui qui eſt le dépoſitaire de la force publique.

Une autre précaution, c'eſt que cette puiſſance ne ſoit pas placée, non plus, dans le Corps légiſlatif: & cette précaution, ſi néceſſaire dans tout état de

---

(*a*) S'il étoit quelqu'un qui m'accuſât de calomnier la nature humaine, car ce n'eſt qu'elle que j'accuſe ici, je le prierois de jetter les yeux ſur l'hiſtoire des Louis XI, des Richelieu, &, ſur-tout, ſur celle d'Angleterre avant la Révolution: il y verroit l'ambition redoubler de ruſe & d'activité, à meſure qu'elle perdoit les moyens de ſe ſatisfaire.

cauſe, l'eſt bien davantage, lorſqu'il n'y a qu'une petite partie de la Nation qui ait une part actuelle au Pouvoir Légiſlatif.

Si le Pouvoir Judiciel étoit entre les mains de la partie légiſlative du peuple, non-ſeulement il y auroit l'inconvénient ſi grand d'être indépendant; mais il produiroit, de plus, le mal extrême d'ôter ce qui identifie cette partie avec le tout, c'eſt-à-dire, une ſujettion commune aux mêmes regles. Le Corps légiſlatif qui ne pourroit, ſans ſe perdre lui-même, établir, ouvertement & par ſes loix, des exceptions en faveur de ſes membres, les introduiroit par ſes jugemens; & le peuple ſe donneroit des Maîtres, en ſe nommant des Repréſentans.

Le Pouvoir Judiciel doit donc abſolument réſider dans un Corps ſubordonné & ſoumis; non dans ſes actes particuliers, à l'égard deſquels il doit être comme un ſanctuaire; mais par rapport à ſes principes & à ſes formes, que c'eſt à la Puiſſance légiſlative à lui preſcrire. Comment ce Corps ſera-t-il compoſé? C'eſt à l'égard de quoi il faut, encore, de nouvelles précautions.

Dans un Etat où le Prince eſt le Maître abſolu, de grands Corps de Judicature ſont très convenables, parce qu'ils reſſerrent, juſques à un certain point, l'acception des perſonnes, qui eſt la ſuite inévitable de cette ſorte de Gouvernement. D'ailleurs ces Corps, quelles que ſoient leurs prérogatives, étant, au fonds, dans l'état de la plus grande foibleſſe, n'ont que leur intégrité pour s'attirer le reſpect des peuples : & cette intégrité en impose au Prince lui-même, & lui ôte la pensée d'en faire les instrumens de ses fantaisies.

Mais, dans une Monarchie véritablement limitée, c'est-à-dire, dans celle où le Prince, par le droit & par le fait, est soumis aux loix, ces grands Corps de Judicature se trouveroient contraires au principe de la Constitution, qui ne veut pas qu'il existe, nulle part, plus de puissance que ce qu'il en faut pour le but qu'on se propose, &, dans les vicissitudes de la fluctuation inévitable dans un tel Etat, pourroient devenir très dangereux.

De plus, ce que ces Corps ont nécessairement d'imposant, avantage décisif lorsqu'il s'agit de suppléer à la foiblesse des loix, se trouvant inutile dans un Etat où elles ont pour elle toute la force de la Nation, auroit encore l'inconvénient d'y faire craindre autre chose que ce qu'il faut précisément que l'on y craigne.

Ces grands Tribunaux, je veux le supposer, conserveroient, dans la variété des événemens, toute l'intégrité qui les distingue dans des Etats d'une Constitution différente : ils ne s'informeroient jamais du crédit, bien moins encore des sentimens politiques de ceux sur le sort desquels ils sont appellés à décider. Mais ces avantages n'étant point fondés sur la nature des choses, & leur puissance paroissant les dispenser de tant de vertu, on verroit, peut-être, s'établir l'opinion dangereuse, que se conformer aux loix n'est pas la seule chose que requiere la prudence : le Citoyen, appellé, dans la ſphere où la fortune l'a placé, à défendre ſes droits & ceux de la Nation, redouteroit les conſéquences d'une conduite, même légitime ; &, quoique raſſuré par la loi, il pourroit être conſterné, lorſqu'il en enviſageroit les Miniſtres.

Dans l'aſſemblée de ceux qui ſont appellés à être ſes Juges, le Citoyen ne verroit peut-être pas d'ennemis ; mais il ne verroit pas, non plus, d'hommes qu'un rapport de circonſtances pût conduire à s'intéreſſer à ſon ſort : & leur rang, joint ſurtout à leur nombre, lui paroîtroit les ſouſtraire à ce qui eſt le frein de l'injuſtice, là où la loi n'a pu en établir d'autre, je veux dire les reproches du Public.

Et ſes craintes ſeroient conſidérablement augmentées, ſi par l'admiſſion de la Juriſprudence reçue dans certains Etats, il voyoit ces Tribunaux, déjà ſi redoutables, s'envelopper dans une ſorte de myſtere & ſe rendre, pour ainſi dire, inacceſſibles.

Il ne pourroit penſer, ſans effroi, à ces vaſtes priſons dans leſquelles il ſera, peut-être, un jour renfermé ; à ces procédures inconnues qu'il faudra qu'il ſubiſſe ; à cette ſéparation totale de la ſociété des autres hommes ; à ces longs & ſecrets interrogatoires où, livré abſolument à lui-même, il n'aura qu'une défenſe paſſive à oppoſer aux queſtions variées d'hommes ſur les intentions deſquels il ne ſera point ſuffiſamment raſſuré, & où ſon cœur, flétri dans la ſolitude, ne ſera ſoutenu ni par les conſeils de ſes amis, ni par les regards de ceux qui feront des vœux pour ſa délivrance.

La sûreté du Citoyen, & l'opinion de cette sûreté, étant donc presqu'également essentielles à la jouissance de la liberté & nécessaires à son maintien, ces deux choses ne doivent, par conséquent, jamais être perdues de vue dans l'établissement du Pouvoir judiciel; & je crois qu'on peut, à cet égard, poser les regles suivantes.

Premiérement, je rappellerai ce que j'ai déja dit, que le Pouvoir judiciel ne doit jamais être placé dans un Corps indépendant; beaucoup moins, encore, entre les mains de celui qui est déjà le dépositaire de la force publique.

J'ajouterai que l'accusé doit avoir tous les moyens possibles de défense. La procédure, sur toutes choses, doit être publique. Les Tribunaux doivent être tels & leurs formes telles, qu'ils inspirent le respect & jamais la terreur. Et les cas doivent être si bien déterminées, & les bornes si bien posées, que ni le Pouvoir exécutif, ni les Juges eux-mêmes, ne puissent impunément les passer.

Enfin, puisque l'avantage de vivre en société doit absolument s'acheter, non-seulement par le sacrifice d'une partie de la liberté; sacrifice, au reste, qui dans un Etat bien institué ne coûte rien à l'homme sage; mais, encore, par le sacrifice allarmant d'une partie de la sûreté personnelle: en un mot, puisque tout Pouvoir Judiciel est un mal, quoiqu'un mal nécessaire, il faut ne rien négliger de ce qui peut en diminuer les dangers. Et comme, cependant, il est un terme où il faut que la prudence humaine s'arrêce; comme il eſt un moment où le ſacrifice de la ſûreté du particulier doit enfin ſe faire & où la Loi doit l'abandonner au jugement de quelques perſonnes, c'eſt-à-dire, pour trancher le mot, à une déciſion juſques à un certain point arbitraire, il faut qu'elle ait reculé, le plus qu'il a été poſſible, ce moment où l'arbitraire doit prendre place; & que, lorſque le Citoyen ſera appellé à voir ſon ſort décidé par les lumiéres incertaines de la conſcience de ſes ſemblables, elle ait tellement arrangé les choſes, qu'il y trouve toujours des avocats & jamais des adverſaires.

Après ces obſervations que j'ai crues abſolument néceſſaires pour pouvoir faire connoître l'eſprit de la Juriſprudence criminelle qui a lieu en Angleterre & ce qu'elle a d'avantageux, je vais en donner l'expoſé.

Lorſqu'une perſonne eſt accuſée de quelque crime, le Magiſtrat qu'on appelle en Angleterre *Juſtice* ou *Juge de paix*, (*a*) expédie un ordre (*Warrant*) de la faire ſaiſir: mais ce Warrant ne peut être qu'un commandement de ſe faire amener l'accuſé; il doit l'entendre & prendre par écrit ſes réponſes, ainſi que les diverſes informations. S'il réſulte de cette enquête, ou que le crime dont on accuſe n'a pas été commis, ou qu'il n'y a pas de raiſon d'en ſoupçon-

(*a*) Les Juges de paix ſont un certain nombre de perſonnes d'une Comté, que le Roi nomme toutes à la fois, dans une Commiſſion générale donnée ſous le grand ſceau: leur fonction eſt de *conſerver la paix* dans la Comté.

ner l'accusé, il doit le libérer sans restriction. Si l'enquête donne un résultat contraire, il doit exiger de l'accusé une caution de paroître pour répondre à l'accusation; ou, dans les cas de crimes contre lesquels la loi prononce une peine capitale, l'envoyer réellement en prison, pour subir son interrogatoire & son jugement, aux prochaines Sessions. (a)

Mais la précaution de faire examiner un accusé avant de permettre son emprisonnement, n'est pas la seule que la loi ait prise en sa faveur: elle a, de plus, établi que sa cause seroit de nouveau discutée, avant de lui faire courir le hazard quelconque d'une procédure. A chaque Session, le Sheriff nomme ce qu'on appelle la grande assemblée des Jurés, *Grand Jury*: cette assemblée doit être de plus de douze hommes & de moins de vingt-quatre, & est toujours formée des personnes les plus qualifiées d'une Comté: sa fonction est d'examiner les preuves qui ont été données de chaque accusation. S'il ne se trouve pas douze personnes, dans l'assemblée, qui trouvent qu'une accusation soit fondée, l'accusé est incontinent libéré: si, au contraire, il y en a douze qui s'accordent à trouver les preuves suffisantes, l'accusé est dit être *indicted*, & est retenu pour subir la suite de la procédure.

Lorsque le jour est venu où l'accusation doit se juger définitivement, le prévenu comparoît à la barre

(a) Les Sessions se tiennent une fois tous les trois mois dans les Comtés; & dans Londres, toutes les six semaines.

du Tribunal. Le Juge, après lui avoir lu le *bill* de son *indictment*, doit lui demander comment il veut être jugé; & il répond *par Dieu & la loi de mon pays*: ce qui est une reclamation des moyens que la loi lui donne pour sa justification. Le Sheriff nomme, alors, ce qu'on appelle la petite assemblée des Jurés, *Petty Jury*: (*a*) cette assemblée doit être composée de douze hommes, choisis dans la Comté du prévenu, (*b*) possesseurs d'un fonds de terre de dix livres sterling de revenu; & c'est leur déclaration qui doit décider du mérite de l'accusation.

Il falloit donc absolument que l'accusé eût une grande influence sur le choix de ces hommes dont son sort dépend: aussi la loi lui en a-t-elle accordé une très considérable, par le grand nombre de récusations qu'elle lui accorde.

Ces récusations sont de deux sortes. La premiére, qui s'appelle récusation *to the array*, est pour rejetter tout le *pannel*: elle a lieu dans le cas où le Sheriff qui l'auroit formé ne pourroit être regardé comme personne indifférente; par exemple, s'il étoit intéressé dans l'accusation, s'il étoit parent ou allié de l'accusateur, ou, en général, de la partie lesée.

La seconde espece de récusation, qui s'appelle récusation *to the poll*, (in capita) se propose contre les Jurés pris séparément, & Coke la divise en quatre

(*a*) Le Sheriff en présente quarante-huit, & c'est ce qu'on appelle le *pannel*.

(*b*) *Liberos & legales homines de vicineto*.

cas. Celle qu'il appelle *propter honoris respectum* a lieu lors d'une différence de condition; ainsi le prévenu pourroit récuser un Lord dont il verroit le nom sur le pannel. Celle *propter delictum* a pour but d'éloigner un homme qui auroit été flétri par un jugement. Celle *propter defectum* se propose contre un Juré, (*Juryman*) qui seroit étranger, ou qui n'auroit pas un fonds de terre de la valeur fixée par la loi. Celle *propter affectum* est pour écarter tout Juré qui pourroit avoir quelqu'intérêt à la condamnation de l'accusé: celui, par exemple, avec qui il auroit quelqu'inimitié; celui avec qui il seroit en procès; celui qui seroit parent, allié ou associé de l'accusateur, ou d'une même corporation, &c. (*a*)

Enfin, pour rassurer jusques à l'imagination de l'accusé, la loi lui accorde, sans préjudice aux diverses récusations ci-dessus, la récusation *péremptoire*, c'est-à-dire, sans alléguer de raison, de vingt Jurés successivement. (*b*)

Lorsqu'enfin l'assemblée des Jurés est formée & qu'ils ont prêté le serment, *l'indictment* est dit être ouvert, & l'accusateur produit les preuves de son accusation. Mais, à la différence des regles prescrites par le Droit Civil, les témoins déposent en présence

(*a*) Lorsque l'accusé est étranger, la moitié des Jurés doivent être aussi étrangers : c'est ce qu'on appelle *Jury de medietate linguæ.*

(*b*) Lorsque ces diverses récusations épuisent le *pannel*, on nomme d'autres Jurés, sur un Writ du Juge, qui porte *decem*, ou *octo tales*; & on les nomme les *Tales*.

fence de l'accufé: il peut leur propofer des queftions; produire des témoins en fa faveur, & les faire dépofer fous ferment. Enfin, il a un Confeil qui l'aide, non-feulement dans la difcuffion du point de Droit qui peut fe trouver compliqué avec le fait, mais auffi dans l'éclairciffement du fait lui-même, & qui lui indique les queftions à faire ou même les fait pour lui.

Ce font-là les précautions que la loi a prifes pour les cas d'accufations ordinaires; mais dans les cas d'accufations pour crime de *Haute Trahifon*, & de *Mifprifion de Trahifon*, c'eft-à-dire, de confpiration contre la vie du Roi ou contre l'Etat, & de non révélation; (*a*) accufations qui fuppofent un parti & des accufateurs puiffans, la loi a donné à l'accufé de nouvelles reffources.

Premiérement, aucune accufation, à moins qu'il ne foit précifément queftion d'avoir attenté fur la vie du Roi, ne peut être reçue après trois années écoulées depuis l'offenfe. 2. L'accufé peut, indépendamment de fes divers droits de récufation, récufer *péremptoirement* jufques à trente-cinq Jurés. 3. Il peut choifir deux Confeils pour l'affifter pendant tout le tems de la procédure. 4. Pour empêcher que les témoins qu'il a à produire ne foient écartés, les Tribunaux doivent lui accorder, pour les obliger à paroître, tous les moyens de contrainte

(*a*) La peine de la non-révélation, eft la confifcation des biens, & l'emprifonnement pendant la vie.

qui sont usités dans des cas pareils. 5. On doit lui livrer, dix jours avant le *Trial*, en présence de deux témoins, & pour cinq shillings, une copie de *l'indictment*, qui doit contenir tous les faits sur lesquels porte l'accusation, le nom, la demeure & la profession des Jurés qui doivent composer *le pannel*, & même de tous les témoins que l'on se propose de produire contre lui. (*a*)

Lorsque, soit dans le cas de haute Trahison, soit dans celui de crimes ordinaires, l'accusateur & l'accusé ont allégué leurs raisons, & que les témoins ont répondu aux questions, soit des Juges, soit des Jurés, l'un des Juges prend la parole & fait une récapitulation de tout ce qui s'est allégué d'essentiel. Il établit aux Jurés ce qui constitue précisément l'état de la question, & il leur donne son opinion, non sur le fait, mais sur le point de droit qui peut servir à les guider dans leur décision. Cela fait, les Jurés se retirent dans une chambre voisine; ils doivent y rester, jusques à ce qu'ils se soient accordés entr'eux, sans boire ni manger & sans feu, à moins que le Juge ne le permette autrement. Leur déclaration doit porter précisément que le prévenu est *coupable* ou *non coupable*, du fait dont on l'accuse. Enfin, la maxime fondamentale de ce genre de procédure, est que les Jurés, pour condamner, doivent être unanimes.

(*a*) Statuts. 7. de G. III. c. 3; & 7. Ann. c. 21. Ce dernier Acte ne devoit prendre force qu'après la mort du défunt Prétendant.

Et, comme le principal but de l'inſtitution de *l'Epreuve par des Jurés*, eſt de ſouſtraire les accuſés à la déciſion de perſonnes revêtues d'une autorité quelconque; non-ſeulement, l'opinion que le Juge délivre n'a de poids qu'autant que les Jurés veulent lui en donner; mais, de plus, leur déclaration ou *verdict* (*Veredictum*) doit porter auſſi ſur le point de droit qui ſe trouve immédiatement joint au fait: c'eſt-à-dire, qu'ils doivent établir & l'exiſtence d'un certain fait, & ce que ce fait a en ſoi qui le rend contraire à la loi.

Cela eſt même ſi fort requis, qu'un bill *d'Indictment* ou d'accuſation, doit abſolument avoir ces deux choſes pour objet. Ainſi, un *Indictment* pour Trahiſon, doit porter que les faits en queſtion ont été commis dans un eſprit de trahiſon, *proditorié*. Un *Indictment* pour meurtre, doit porter que le crime a été commis de *malice délibérée*. Un *Indictment* pour vol, doit porter que la choſe a été priſe avec intention de voler. Et ce principe, ſans lequel ce que *l'Epreuve des Jurés* a d'avantageux ſeroit presque réduit à une ſimple formalité, eſt ſi bien ſenti, que, dans les cas où le Procureur du Roi pourſuivant préciſément au nom du Roi & poſant alors lui-même *l'indictment* (*a*) a cherché à éluder à cet égard le pouvoir des Jurés, ils y ont remédié par la forme de leur *Verdict*. (*b*)

(*a*) Dans les cas ordinaires, c'eſt, comme on a vu plus haut, le *Grand Jury* qui le fournit.

(*b*) Pour rendre ceci plus clair je donnerai un exemple. Un Ecrit s'étant publié que le Procureur général regarda comme un li-

Les Jurés sont, même, si fort les maîtres de leur déclaration; la loi a tellement craint que les précautions qu'elle pourroit prendre à leur égard, n'eussent, ainsi qu'il n'est que trop ordinaire, un effet contraire à celui qu'il eût été d'abord naturel d'espérer, & qu'un pouvoir établi, pour leur faire observer certaines regles, ne s'occupât bientôt à les en faire sortir, que c'est un principe établi, qu'un Juré dans la délivrance de son opinion, ne doit avoir d'autre regle que son opinion elle-même, c'est-à-dire, que la croyance qui résulte dans son esprit, des faits respectivement allégués; de leur crédibilité; de celle des témoins; & même, de toutes les circonstances dont, en son particulier, il peut avoir connoissance. Voici comment s'exprime le *Chief Justice* Hale, dans son Histoire de la Commune Loi.

„ Les Jurés doivent peser la crédibilité des témoins & la force & efficace de leurs dépositions; „ en quoi, comme je l'ai dit ci-devant, ils ne sont „ pas précisément obligés de suivre les regles de la „ Loi Civile. Par exemple, d'avoir deux témoins „ pour prouver chaque fait, à moins que ce ne soit

---

belle dirigé contre la personne même du Roi, il poursuivit les publieurs & les imprimeurs, & son *Indictment* ne portoit que ceci, *coupables d'avoir imprimé & publié un tel Ecrit.* Si les Jurés, suivant la forme ordinaire, eussent répondu simplement, *coupable*, le Juge eût eu alors le pouvoir de décider que l'ouvrage étoit un libelle, & jusques à quel point il étoit injurieux. Mais ils répondirent, *coupable d'avoir imprimé & publié*, *seulement*: chose contre laquelle la loi ne prononçant aucune peine, ce fut absoudre par le fait.

„ pour un cas de Trahiſon; ni de rejetter un té„ moin parce qu'il eſt ſeul; ni de croire toujours „ deux témoins, ſi la probabilité du fait ſe trouve, „ en ſuite d'autres circonſtances, leur être contraire. „ Car le Trial, (*l'Epreuve*,) n'eſt pas ſimplement ici „ par témoins, mais par Jurés. Et même, il eſt „ poſſible qu'il arrive que les Jurés aient, en leur „ particulier, connoiſſance de la fauſſeté d'une cho„ ſe qu'un témoin a dépoſé être vraie, ou qu'un té„ moin eſt inadmiſſible & ne mérite aucune créance, „ quoique rien n'ait été objecté contre lui: & qu'ils „ donnent leur verdict en conſéquence". (*a*)

Si le verdict porte, *non coupable*, (*not guilty*) le prévenu eſt libéré, & ne peut, ſous aucun prétexte, être jugé, de nouveau, pour raiſon du même crime. Si le verdict porte, *coupable*, (*guilty*,) alors, mais ſeulement alors, les Juges entrent en fonction, & prononcent la peine que la loi décerne. (*b*) Mais,

(*a*) Les mêmes principes & les mêmes formes s'obſervent dans les cauſes en matiére civile: il faut également la déciſion unanime de douze Jurés pour priver un homme de ce qu'il regarde comme étant ſon droit. La ſeule différence eſt que la *récuſation péremptoire* n'eſt pas alors admiſe.

(*b*) Lorſque l'accuſé eſt un des Lords temporels, il jouit auſſi du droit univerſel d'être jugé par ſes Pairs; mais le *Trial* differe alors à quelques égards. Premiérement, quant au nombre des Jurés: tous les Pairs, leſquels en ſont alors la fonction, doivent être cités au moins vingt jours à l'avance. Secondement, lorſque le *Trial* a lieu pendant la Seſſion, il eſt dit être dans la *Haute Cour de Parlement;* & les Pairs réuniſſent alors la fonction de Jurés & celle de Juges: ſi le Parlement n'étoit pas ſiégeant, le *Trial* ſeroit dit être dans la Cour du *Haut Intendant d'Angleterre*; ce qui eſt un office qui ne ſe renouvelle que dans cette occaſion, &

dans cette fonction encore, ils ne sont point laissés à eux-mêmes, ils doivent absolument s'en tenir à la lettre, aucune interprétation extensive ne peut avoir lieu; & quel criminel que fut un fait, il resteroit impuni, s'il se trouvoit n'entrer expressément dans aucun des cas sur lesquels la loi prononce. Le mal de l'impunité d'un crime, c'est-à-dire un mal dont une loi nouvelle peut tout de suite prévenir les conséquences, n'a pas paru pouvoir entrer en comparaison, avec la violation du pacte que la société a fais avec tous ses membres. (a)

Enfin, ce qui seul justifieroit la partialité avec laquelle les Jurisconsultes Anglois donnent à leurs Loix la préférence sur le Droit Romain, c'est que ces Loix rejettent absolument la torture. (b) Sans répéter ce que dit, sur ce sujet, l'admirable Traité *des Délits & des Peines*, je dirai seulement, que la

---

c'est alors ce Haut Intendant qui fait la fonction de Juge. Troisiémement, l'unanimité n'est pas requise; & c'est le plus grand nombre, consistant en douze personnes au moins, qui décide.

(a) Je donnerai un exemple du scrupule des Juges Anglois à cet égard. Sir *Henri Ferrars* ayant été arrêté en conséquence d'un *Warrant* qui le nommoit *Chevalier*, au lieu qu'il étoit *Baronet*, son valet prenant la défense tua l'Officier. Cela fut jugé n'être point une opposition à Justice, quoique le valet n'eût, même, eu aucune connoissance du défaut du *Warrant*; & le meurtre ayant été prononcé *homicide justifiable*, il fut admis au bénéfice de Clergé. *Reports de Croke.* p. 371.

(b) Coke dit, dans son troisieme Institut, que, lorsque Jean Holland, Duc d'Exeter, & Guillaume de la Poole, Duc de Suffolk, voulurent, sous Henri VI, renouveller les tentatives pour introduire le Droit Civil, ils produisirent pour *échantillon* la torture. En effet, l'instrument fut appellé *la fille du Duc d'Exeter*: on l'a relégué depuis dans la Tour de Londres.

torture, ce moyen déja si revoltant en lui-même, auroit, dans un Etat libre, les plus funestes conséquences. Il a été absolument nécessaire, en la rejettant, d'empêcher que sous le prétexte de chercher la vérité, l'innocent ne fût livré à la vengeance de ses ennemis. Il a fallu, de plus, y soustraire le coupable convaincu lui-même, & bannir entiérement un moyen dont l'effet inévitable seroit de ne mettre aucune fin aux accusations. (a)

Pour ôter jusques à la possibilité des abus, c'est encore un usage invariable que la procédure soit publique. Le coupable ne comparoît & ne répond, que dans des lieux dont l'accès est ouvert à tout le monde; & les témoins lorsqu'ils déposent; le Juge lorsqu'il délivre son opinion; les Jurés lorsqu'ils rendent leur verdict, sont sous les yeux du Public. Enfin, le Juge ne peut changer, ni le lieu, ni la maniére de l'exécution d'un jugement; & le Sheriff qui ôteroit la vie à un homme, d'une maniére différente de celle que la loi prescrit, seroit coupable de meurtre & poursuivi comme tel. (b)

(a) Le Juge Foster rapporte d'après Whitlock, que l'Evêque de Londres ayant dit à Felton, qui avoit assassiné le Duc de Buckingham, sous Charles I., que s'il ne vouloit pas accuser ses complices, il n'avoit qu'à se préparer à la torture. celui-ci répondit: Si cela est ainsi, je ne sais qui je pourrai accuser dans l'extrémité du tourment, peut-être l'Archevêque Laud, ou quelqu'autre personne de ce Tribunal. „ Admirable réflexion," ajoute Foster, „ dans la bouche d'un enthousiaste & d'un scélérat.

Après quelque débat, les Juges déclarerent que les Loix d'Angleterre ne permettoient pas d'employer la torture.

(b) Et si toute autre personne que le Sheriff se chargeoit d'une exécution à mort, fut-ce le Juge lui-même, ce seroit homicide, *Commentaires de Blackstone*, L. IV. Ch. 14.

En un mot, la Constitution de l'Angleterre, étant une Constitution libre, exigeoit, par cela seul, ainsi que je ne l'aurois trop répété, si une vérité aussi fondamentale pouvoit se répéter trop souvent, des précautions extraordinaires, pour prévenir les dangers de la Puissance d'infliger des peines; & c'est, sur-tout, considérée dans cet esprit, que l'*Epreuve par des Jurés* paroît une Institution admirable.

Non-seulement, par cette institution, le Pouvoir judiciel est absolument hors des mains de celui qui a le Pouvoir exécutif; il est de plus hors des mains du Juge lui-même. Non-seulement, celui qui a le dépôt de la force publique ne peut la déployer, qu'après en avoir reçu, pour ainsi dire, la permission de ceux qui ont le dépôt des Loix; mais ceux-ci sont, eux-mêmes, retenus par un obstacle exactement pareil, & ils ne peuvent faire parler la Loi, que lorsque, aussi à leur tour, ils en ont reçu la permission.

Et ces personnes, auxquelles la Loi a donné exclusivement le pouvoir de décider qu'il y a lieu à infliger une peine; ces hommes, sans le suffrage desquels le Pouvoir exécutif & le Pouvoir judiciel sont condamnés à l'inaction, ne forment pas, entr'eux, une assemblée permanente & où ils aient eu le tems de voir en quoi leur puissance peut servir à leur intérêt particulier: ce sont des hommes pris, tout à coup, d'entre le peuple, qui n'ont peut-être jamais été appellés à cette fonction, & qui ne prévoient pas d'y être jamais rappellés.

Les nombreuſes récuſations déroutant, d'un côté, les menées de ceux qui, malgré tant de déſavantages, voudroient s'obſtiner à faire ſervir le Pouvoir judiciel à leurs vues; & excluant, de l'autre, les paſſions particuliéres, l'unique ſentiment qui puiſſe influer ſur l'intégrité de ceux qui ont ſeuls le droit de mettre la force publique en mouvement, dans l'inſtant de pouvoir qui leur eſt confié, eſt le ſouvenir que leur ſort, comme Citoyens, eſt lié à celui de l'homme ſur le deſtin duquel ils vont prononcer.

Enfin, cette Inſtitution eſt telle, que le Pouvoir judiciel, qui, par cela ſeul qu'il eſt un pouvoir, peut corrompre ceux qui en ſeroient les dépoſitaires; & qui, parce qu'il diſpoſe, ſans réſiſtance, de la vie, de l'honneur & des biens des Citoyens, peut, après avoir cauſé des maux infinis, renverſer la Conſtitution elle-même, ſe trouver exiſter, aller au but de ſon inſtitution, & n'être entre les mains de perſonne.

Dans tout ce que j'ai dit, au reſte, des avantages de la Juriſprudence criminelle qui a lieu en Angleterre, je n'ai eu en vue que ſon rapport avec la Conſtitution, qui eſt une Conſtitution libre; & ce n'eſt que dans cette idée que je l'ai comparée avec la juriſprudence reçue dans d'autres Etats, où j'avoue, que des précautions dirigées d'un certain côté, ſi elles paſſoient un certain point, ſeroient tout au moins inutiles. Cependant, lors même que je fais abſtraction de ces grands motifs que j'ai préſentés, je ne puis m'empêcher de trouver encore aux loix Angloiſes de grands avantages.

Elles n'exposent un accusé au péril d'une procédure, que sur l'avis de douze personnes, au moins. (a) Soit dans les prisons, soit devant le Juge, elles ne ferment pas un seul moment l'accès à ceux qui ont des avis ou des consolations à lui donner : elles lui permettent même d'appeller tous ceux qui peuvent avoir à dire quelque chose en sa faveur. Enfin, ce qui est très important, les témoins qui déposent contre lui, doivent déposer en sa présence ; il peut leur proposer des questions &, par une demande imprévue, déranger tout un systême de calomnie. Toutes choses que refusent les loix établies dans d'autres Etats.

Si donc un accusé voit son sort se décider par des hommes (b) qui n'ont, peut-être, pas toute la sagacité que, dans des occasions délicates, il est avantageux de rencontrer dans un juge ; d'un autre côté, la loi, par les extrêmes facilités qu'elle lui apporte, a tout au moins fait compensation. Si le Juré n'a pas ce long exercice qui donne l'expérience, il n'a pas non plus la dureté de cœur qui en est la suite ; & apportant au pied du Tribunal, tous les principes, je dirai même, tout l'instinct de l'humanité, il n'exerce, qu'en tremblant, la fonction redoutable à laquelle il se voit appellé ; &, dans les cas douteux, il se jette toujours du côté de la douceur.

J'ajouterai, que dans le cours ordinaire des choses, les Jurés ont beaucoup d'égard aux directions

(a) Du *Grand Jury*.
(b) *Petty Jury*.

du Juge. Que, lorſqu'étant d'accord ſur le fait, ils ſont embarraſſés ſur le degré de crime qui s'y trouve attaché, ils laiſſent la choſe à la déciſion du Juge, en rendant ce qu'on appelle un *ſpecial verdict.* (a) Que toutes les fois que les circonſtances leur paroiſſent excuſer un homme, cependant reconnu coupable, ils ajoutent, en rendant leur *verdict*, qu'ils le recommandent à la merci du Roi; ce qui ne manque jamais d'opérer, tout au moins, un relâchement de la peine. Que, quoique dans le cas d'abſolution, on ne puiſſe, ſous aucun prétexte, ordonner un nouveau *Trial*, on l'accorderoit cependant, dans celui d'une condamnation rendue ſur des preuves fortement ſoupçonnées d'être fauſſes. (b) Enfin, ce qui établit une différence bien honorable aux loix d'Angleterre, c'eſt que ne connoiſſant pas la torture, elles ne connoiſſent pas, non plus, de peine plus grande que la privation ſimple de la vie.

Toutes ces choſes mettent une ſi grande douceur dans l'exercice de la Juſtice criminelle, que le *Trial by Jury* eſt l'article de ſa liberté auquel le Peuple Anglois eſt le plus fortement & le plus généralement attaché; & la ſeule plainte que j'aie entendu à cet égard, a été celle d'hommes qui, plus ſenſibles à la néceſſité de l'ordre qu'aux égards dûs à l'Humanité, trouvent que trop de coupables reſtent impunis.

(a) „ Lorſque les Jurés" dit Coke „ doutent de la loi & déſi„ rent faire ce qui eſt juſte, ils prononcent ſur la matiére ſpéciale „ & l'entrée eſt ainſi: *Et ſuper tota materiâ petunt diſcretionem* „ *Juſticiariorum.*" Inſt. 4. p. 41.

(b) Blackſtone Com. L. IV. C. 27.

CHAPITRE X.

Continuation du même sujet. Loix sur les emprisonnemens.

MAIS, ce qui met le comble au sentiment d'indépendance dont les loix d'Angleterre font jouïr; sentiment qui est un des plus grands avantages attachés à la Liberté; c'est la grandeur de leurs précautions sur la matiére si délicate des emprisonnemens.

Premiérement, en accordant, dans le plus grand nombre de cas, la libération sous caution, & en ne laissant point, comme on l'a vu, les cas à la discrétion du Juge, elles ont ôté les prétextes, que les circonstances pourroient fournir, de priver un homme de sa liberté.

Mais c'est, surtout, contre la Puissance exécutive que la Législation a tourné ses efforts; & ce n'est même que tard, qu'elle a pu parvenir à lui arracher un pouvoir qui la mettoit en état d'enlever au peuple ses défenseurs & de consterner ceux qui pourroient être tentés de le devenir; & qui ayant ainsi toute l'efficace de moyens plus odieux, sans en avoir les dangers, étoit l'arme la plus redoutable avec laquelle elle pût attaquer la liberté.

Les moyens indiqués originairement par les loix d'Angleterre, pour libérer un homme injustement emprisonné, étoient les Writs appellés, de *main-prize*, *de odio & atiâ*, & *de homine replegiando:* ces Writs, qui ne pouvoient se refuser, étoient un ordre au Sheriff de la Comté où un homme étoit détenu, de s'enquérir des causes de la détention, &, suivant les cas, de le libérer, ou purement & simplement, ou sous caution.

Mais le moyen le plus usité, & même qui, étant le plus général & le plus sûr, a tacitement aboli tous les autres, est le Writ d'*habeas corpus*, ainsi appellé parce qu'il commence par les mots *Habeas corpus ad subjiciendum.* Ce Writ, étant un Writ de *haute prérogative*, devoit sortir de la Cour du *King's Bench;* son effet s'étendoit dans toutes les Comtés indifféremment; & le Roi y ordonnoit, ou étoit censé y ordonner, à celui qui détenoit un de ses sujets, de le présenter devant le Juge, avec la date & la cause de la détention, pour ensuite se soumettre à ce que le Juge ordonneroit.

Mais ce Writ, qui pouvoit être une ressource dans les cas de détentions violentes faites par des particuliers, ou d'emprisonnemens obtenus à leur requête, n'en étoit qu'une bien foible, ou plutôt n'en étoit pas une, contre le pouvoir du Prince, surtout sous le regne des Tudors & dans le commencement de celui des Stuarts. Et même, dans les premiéres années de Charles premier, les Juges du King's Bench qui, par une suite de l'esprit du tems & parce qu'ils tenoient alors leurs places *durant plaisir*, étoient presque toujours dévoués à la Couronne, déciderent nettement „ que lorsque l'emprisonnement „ avoit été fait par ordre exprès du Roi, ou des „ membres du Conseil privé, ils ne pouvoient, sur „ la présentation d'un Writ, ni libérer ni admettre „ à cautionnement, encore que l'ordre d'emprison„ nement ne portât aucune cause".

Ces principes & la maniére de procéder qui en étoit la suite, attirerent l'attention du Parlement; & dans l'acte de la Pétition des Droits, passé la troisiéme année du regne de Charles premier, il fut ordonné, que personne ne pût être détenu en conséquence de tels emprisonnemens.

Mais l'adresse des Juges sut éluder l'effet de cet acte: ils ne refuserent pas, à la vérité, de libérer un homme emprisonné sans cause, mais ils apporterent tant de délais à l'examen des causes, qu'ils obtenoient tout l'effet d'un plein déni de Justice.

La Législation s'interposa de nouveau, & dans l'acte passé dans la seiziéme année du regne de Charles premier, le même qui supprima la Chambre étoilée, il fut ordonné „ que dans le cas où quelqu'un „ seroit envoyé en prison par le Roi lui-même en „ personne, ou par son Conseil privé, on devra lui „ accorder, sans délai, un Writ d'habeas corpus; & „ que le Juge sera obligé d'examiner & décider, „ dans les trois jours qui suivront le *retour* du Writ, „ la légalité de l'emprisonnement."

Cet acte sembloit ne pouvoir plus être éludé; il le fut cependant encore; & par la connivence des Juges, le détenteur pouvoit, sans péril, attendre un ſecond & un troiſiéme Writ, appellés un *aliàs* & un *pluries*, avant de produire le détenu.

Toutes ces différentes ruſes donnerent, enfin, la naiſſance au fameux Acte d'*Habeas Corpus*, paſſé la trente-uniéme année du regne de Charles ſecond, qui eſt regardé, en Angleterre, comme une ſeconde grande Charte, & qui a enlevé définitivement toutes les reſſources de l'oppreſſion. (*a*)

Les principaux articles de cet Acte ſont: 1. Pour fixer les différens termes dans leſquels un priſonnier devra être produit: ces termes ſont proportionnés à la diſtance des lieux; & aucun ne peut excéder vingt jours.

2. Tout officier, ſoit concierge de priſon, qui ne produira pas le priſonnier dans le tems fixé; ou qui ne lui délivrera pas, ſoit à ſon agent, ſix heures après demande, une copie du *Warrant* d'empriſonnement; ou qui tranſportera le détenu d'une priſon à l'autre, ſans une des raiſons exprimées dans l'Acte, ſera condamné, pour la premiére fois, à une amende de cent livres ſterling, & pour la ſeconde, à une amende de deux cent, au profit de la perſonne léſée; & de plus déclaré incapable d'exercer ſon office.

3. Aucune perſonne, délivrée par *Habeas corpus*, ne pourra être empriſonnée de nouveau pour la même offenſe, à peine de cinq cent livres ſterling d'amende.

(*a*) Le véritable titre de l'Acte eſt: „ Acte pour mieux aſſurer „ la liberté du Sujet & prévenir l'envoi au-delà des mers."

4. Si une perfonne emprifonnée pour trahifon ou félonie, requiert, dans la premiére femaine d'un *terme*, ou dans le premier jour d'une feffion, d'être jugée dans ce terme ou dans cette feffion; fa demande devra lui être accordée, à moins que les témoins ne puffent être produits dans ce même tems. Si cette perfonne n'eft pas jugée au fecond terme ou à la feconde feffion, elle fera mife en liberté.

5. Ceux des douze Juges ou du Lord Chancelier, qui fur la préfentation du *Warrant* d'emprifonnement, ou fur ferment que le même eft *dénié*, refuferoient de délivrer un Writ, feront condamnés, chacun à une amende de cinq cent livres fterling, au profit de la partie léfée.

6. Aucun habitant d'Angleterre, excepté ceux qui, convaincus & jugés, demandent à être transportés, ne pourra être envoyé prifonnier en Ecoffe, Irlande, Jerfey, Garnefey, ou à quelle place que ce foit au-delà de la mer: ceux qui exécuteront un tel emprifonnement, & leurs affiftans, feront condamnés à une amende, qui ne pourra être moindre de cinq cent livres fterling, au profit de la perfonne léfée, avec payement du dommage au triple; feront déclarés incapables d'aucun office; encourront toutes les peines d'un *præmunire* (a); & ne pourront recevoir le pardon du Roi.

CHA-

(a) Les ftatuts de *præmunire*, ainfi appellés du *Writ* pour les faire exécuter, qui commençoit par les mots *præmunire* (pour *præmonere*)

CHAPITRE XI.

Avantages particuliers à la Constitution d'Angleterre.
1. *Réunion de la Puissance Exécutive.*

Nous avons vu, dans les premiers Chapitres, les ressources des diverses parties du Gouvernement d'Angleterre, pour se balancer l'une l'autre; & comment leur action & réaction mutuelles produisoient la liberté de la Constitution, laquelle n'est autre chose que l'équilibre entre les Pouvoirs qui gouvernent. Je me propose, actuellement, de faire voir, que ces mêmes parties de la Constitution, qui la rendent si différente de celle des autres Etats libres, ont, de plus, des avantages particuliers & très grands, avantages qui, jusques ici, n'ont point été suffisamment observés.

---

monere) facias, avoient, originairement, pour objet de s'opposer aux usurpations des Papes. Le premier fut passé sous le regne d'Edouard I., & a été suivi de plusieurs autres, qui, même avant la Réformation, poserent des bornes si efficaces, qu'elles attirerent à l'un d'eux, de la part de Martin V., l'épithete *d'execrabile Statutum*. Les délits, contre lesquels ces statuts prononçoient, furent aussi appellés des *Præmunire;* & sous ce mot on comprenoit, en général, toute offense „ tendante à établir *imperium in imperio*, „ en prêtant à des *procédures* papales, une obéissance qui appar„ tient au Roi seul." La peine portée, dans ces cas, fut encore appellée un *Præmunire:* elle s'est depuis étendue à plusieurs autres, & elle emporte la confiscation de tous les biens & l'emprisonnement pendant la vie. Commentaires de Blackstone, Ch. 8, Liv. IV.

La premiére singularité du Gouvernement de l'Angleterre, à titre d'Etat libre, c'est d'avoir un Roi; c'est d'avoir jetté dans la même place, toute la force du Pouvoir exécutif, & de l'avoir rendue inamovible. C'est-là, aussi, ce qui en a rendu le dépôt sacré & inébranlable: c'est en faisant un grand & un très grand Citoyen, qu'on a empêché qu'il ne s'en élevât plusieurs, & qu'on a prévenu des choses qui, dans toutes les Républiques, ont amené la perte de la liberté, &, avant qu'on la perdît, en ont empêché la jouissance.

Si l'on jette l'œil sur les Etats qui ont jamais été libres, on verra que le Peuple, y tournant toujours sa jalousie, ainsi qu'il étoit très naturel, contre le Pouvoir exécutif, mais ne pensant jamais au moyen de le limiter, qu'on a si heureusement employé en Angleterre, n'a jamais su faire autre chose que de le confier, par des élections annuelles, c'est-à-dire, de s'en réserver la disposition. D'où il arrivoit que le Peuple, qui avoit déja la réalité de la puissance, y joignant encore l'exercice actuel & la majesté, se trouvoit, par la loi & par le fait, former tout l'Etat. Pour ébranler donc tout l'Etat, il n'y avoit qu'à mettre en mouvement un certain nombre d'individus.

Dans un Etat petit & pauvre, la chose n'a pas d'inconvéniens, parce que chacun y est occupé des moyens de pourvoir à sa subsistance; parce que les objets de grande ambition y manquent; & parce que le mal ne sauroit s'y compliquer. Dans un Etat qui travaille à s'agrandir, la pourſuite, & le danger de l'entrepriſe, inſpirent une ſageſſe générale; & chacun y uſe ſobrement de ſes droits de Citoyen.

Mais quand une fois, ces motifs extérieurs venant à ceſſer, les paſſions & les vertus mêmes qu'ils excitoient, ſont réduites à l'inaction, le Peuple ſe retourne vers l'intérieur de la République; & chacun, en cherchant à y prendre part à toutes les affaires, cherche à retrouver une agitation dont ſon eſprit ne peut plus ſe paſſer, & à exercer un pouvoir qui, tout petit qu'il eſt, ne laiſſe pas de flatter ſon amour-propre.

Les événemens précédens ayant naturellement donné du crédit à un certain nombre de Citoyens, ils font ſervir la diſpoſition générale à leurs vues particuliéres; la Puiſſance légiſlative eſt, ſans ceſſe, en mouvement; étant mal informée & mal dirigée, elle ébranle, à chaque motion, les baſes ſur leſquelles les loix, & conſéquemment la liberté, elle-même, ſont fondées.

Il y a plus: ceux qui compoſent les aſſemblées publiques, n'ayant, vu leur grand nombre, aucun eſpoir de ſatisfaire leur ambition ou, en général, leurs paſſions particuliéres, cherchent, du moins, à ſatisfaire leurs fantaiſies; & ils accumulent les honneurs & les dignités, ſur quelque favori que la voix publique éleve.

Mais comme, dans un tel Etat, on eſt, par la violence des mouvemens, preſque toujours hors de la regle, il arrive qu'on n'y connoît jamais précisément le point des choses où l'on en est. Le pouvoir donné est déjà très grand, que ceux qui le donnent ne s'en doutent point, & celui qui l'a n'en fait pas toute l'étendue: ce n'est qu'à la premiére occasion, qu'il perce tout à coup le nuage qui lui déroboit le sommet, & s'y place. Le peuple, de son côté, ne le retrouve que pour voir son favori devenu son Maître, & ne s'apperçoit du mal, que pour trouver qu'il est sans remede.

Ce pouvoir acquis ainsi subrepticement, & n'ayant l'appui, ni de la loi, ni de l'ancien cours des choses, ni même le respect de ceux qui y sont soumis, ne peut se soutenir qu'en en abusant; le peuple trouve, enfin, le moyen de se réunir quelque part: il se choisit un protecteur; ce protecteur s'éleve à son tour; à son tour aussi il trahit ses engagemens; le pouvoir fait son effet; & le défenseur devient Tyran.

Ce n'est pas tout: les mêmes causes qui ont donné un maître à l'Etat, lui en donnent deux, lui en donnent trois. Toutes ces Puissances rivales cherchent à s'engloutir mutuellement; ce n'est que dissensions & que batailles; & l'Etat est dans une convulsion continuelle.

Si, avec cela, le Peuple étoit libre, il faudroit que ses maux fussent prodigieux, pour pouvoir faire compensation; mais il est esclave & n'a point ce qui fait, ailleurs, le dédommagement de la servitude, je veux dire, la tranquillité.

Pour prouver toutes ces choſes, ſi elles en avoient beſoin, je n'aurois qu'à renvoyer à ce que chacun ſait de Piſiſtrate & de Mégaclès; de Marius & de Sylla; de Céſar & de Pompée. Cependant, je ne puis me refuſer à traduire un morceau de la harangue que faiſoit autrefois un Citoyen de Florence: on y verra en abrégé l'hiſtoire de toutes les Républiques; j'entends de celles qui, par leur liberté, en ont mérité le nom, & qui, de plus, ont paſſé un certain point de grandeur & de puiſſance.

„ Et afin que rien de ce qui eſt humain ne ſoit „ perpétuel & ſtable, c'eſt la volonté du Ciel, que „ dans tous les Etats, quels qu'ils ſoient, il s'éleve „ des familles fatales, qui en ſont la ruine & la de„ ſtruction. C'eſt de quoi notre République, autant „ & plus qu'un autre, peut fournir le déplorable „ exemple, comme devant ſes malheurs, non pas à „ une ſeule, mais à pluſieurs de ces familles. Nous „ avons eu d'abord les Buondelmonti & les Huberti. „ Nous avons eu, enſuite, les Donati & les Cer„ chi; &, aujourd'hui, choſe honteuſe & ridicule! „ nous nous déchirons pour les Ricci & les Albizi.

„ Quand autrefois les Gibelins furent accablés, „ chacun attendoit que les Guelfes ſatisfaits vou„ droient vivre tranquillement; cependant il ne s'é„ toit écoulé que peu de tems, qu'ils ſe diviſerent „ de nouveau dans les factions des Blancs & des „ Noirs. Quand les Blancs furent abattus, de nou„ veaux partis s'éleverent & de nouveaux troubles „ les ſuivirent. Tantôt c'étoit des combats en fa-

» veur des Exilés, & tantôt des querelles entre la
» Noblesse & le Peuple. Et, afin de donner à d'au-
» tres ce que nous-mêmes ne savions ni ne voulions
» posséder tranquillement, nous confiâmes notre li-
» berté, tantôt au Roi Robert & tantôt à son frere,
» & enfin au Duc d'Athenes; ne nous fixant ni re-
» posant jamais dans aucun gouvernement, comme
» ne sachant, ni jouir de la liberté, ni supporter la
» servitude. (a) "

La Constitution de l'Angleterre a prévenu de pareils malheurs. Non-seulement, en diminuant le pouvoir ou plutôt l'exercice actuel du pouvoir du Peuple, (b) & en ne le faisant intervenir dans la Législation, que par ses Représentans, elle a évité la violence irrésistible de ces grandes & générales assemblées, qui, de quelque côté qu'elles se jettent, abattent & prosternent tout. De plus, comme le pouvoir du Peuple, lorsqu'il en a & qu'il sait & veut s'en servir, est toujours prodigieusement formidable, la Constitution lui a formé un contrepoids; & c'est la Puissance Royale qui est ce contrepoids.

Pour lui donner la force nécessaire à une telle fonction, elle a, premiérement, placé de son côté, ainsi qu'on l'a vu, le pouvoir d'appeller & de faire disparoître le Pouvoir législatif & de s'opposer à ses résolutions.

(a) Histoire de Florence par Machiavel. Liv. III.

(b) Nous verrons ensuite qu'on n'a diminué le pouvoir du Peuple que pour augmenter sa liberté.

Secondement, elle a encore jetté de ſon côté la totalité du Pouvoir exécutif.

Enfin, pour établir toujours plus une ſorte d'égalité, elle a donné à celui qu'elle faiſoit le Chef unique de l'Etat, tous les privileges, tous les honneurs, toute la Majeſté, dont les dignités humaines ſont ſuſceptibles. Dans le langage de la loi, le Roi eſt maître, & les peuples ſont ſujets; il eſt le propriétaire univerſel du Royaume; toutes les dignités & les places ſont des effets de ſa libéralité; on ne s'adreſſe à lui qu'avec les expreſſions & l'extérieur d'une humilité orientale. De plus, ſa perſonne eſt ſacrée & inviolable; &, conſpirer contre lui, eſt un crime égal à celui d'une conſpiration contre tout l'Etat.

En un mot, comme il étoit impoſſible de chercher à rendre l'équilibre réel, ſans ſacrifier le but aux moyens, c'eſt-à-dire, ſans détruire la liberté en voulant aſſurer la Conſtitution, on a du moins completé, en apparence, le déficient qu'il falloit abſolument laiſſer, en jettant du côté du Chef unique, toute la force qui peut réſulter de l'opinion. Et, au milieu des agitations, qui ſont abſolument néceſſaires, pour que l'Etat conſerve ſa liberté, la Puiſſance Royale, qui eſt l'ancre qui doit le retenir dans certaines bornes, réſiſte, non-ſeulement par la grandeur de ſon poids, mais par ſa priſe.

La grandeur des prérogatives du Roi, en donnant une ſtabilité générale à l'Etat, a donc diminué la poſſibilité des malheurs dont nous avons parlé ci-deſfus; elle l'a prévenue tout-à-fait, en empêchant qu'il y ait aucun Citoyen qui puiſſe jamais parvenir à une grandeur dangereuſe.

Et pour parler, d'abord, d'un avantage dont la multitude ſe laiſſe aiſément frapper, je veux dire la naiſſance; il eſt impoſſible qu'elle produiſe jamais, en Angleterre, d'effet, même un peu conſidérable. Car, quoiqu'il y ait des Seigneurs qui, outre de grandes richeſſes, peuvent encore alléguer une naiſſance illuſtre, cependant cet avantage, continuellement comparé avec l'éclat du Trône, ſe réduit à rien; parce que dans la graduation univerſellement reçue des différentes dignités, & que l'Angleterre admet auſſi, le titre de Prince Souverain & de Roi, met celui qui le porte hors de toute proportion.

L'étiquette même de la Cour d'Angleterre y eſt conforme: les perſonnes qui appartiennent à la famille du Roi, ont le titre de Princes du ſang &, en cette qualité, une prééminence décidée; & les premiers Seigneurs s'honorent des différens titres & offices de ſerviteurs dans ſa Maiſon. Lors donc qu'on laiſſe à part l'étendue & la réalité du pouvoir du Roi, ainſi que les grandes & nombreuſes eſpérances qu'il peut remplir, pour ne conſidérer que la Majeſté, & la force uniquement d'opinion qui en réſulte, on trouvera cette force ſi grande, que vouloir l'attaquer par la ſimple prérogative de la naiſſance, qui n'eſt elle-même qu'une force d'opinion, & extraordinairement ſubordonnée, ſeroit la choſe du monde la plus abſurde.

Si cette différence écrase ceux-mêmes qui devroient chercher à se la dissimuler, à plus forte raison frappe-t-elle le peuple. Et si, malgré le sentiment que tout Anglois doit avoir de sa valeur, comme homme & comme homme libre, il s'en trouvoit quelqu'un dont les organes fussent assez délicats, pour être éblouis par le faste & les armoiries d'un Seigneur; il seroit totalement aveuglé, lorsqu'il viendroit à se tourner vers la Majesté Royale.

Cette Majesté, entr'autres bons & grands effets, a donc celui de prévenir, en Angleterre, des choses qui, toutes folles qu'elles sont, ont été la peste de la plupart des Républiques. Elle y empêche ce qu'on a souvent vu ailleurs, où chacun prenoit parti dans des querelles où il n'avoit que faire, mais à la tête desquelles on lui montroit un nom qu'on lui disoit être respectable, & où le peuple s'échauffoit & s'ensanglantoit pour des grandeurs & des dignités locales qu'il croyoit infiniment splendides, uniquement parce qu'il ne voyoit rien de plus splendide.

Le seul homme, donc, qui pourroit paroître, à ceux qui ne connoissent pas la Constitution de l'Angleterre, capable de mettre le Gouvernement en péril, seroit celui qui, par la grandeur de ses talens & de ses services, posséderoit à un haut degré l'amour du Peuple & jouïroit d'un grand crédit dans la Chambre des Communes.

Mais, quelque grand que soit cet enthousiasme du Public, des applaudissemens stériles sont tout le fruit que celui qu'il favorise peut en attendre. Il n'a à eſpérer ni Conſulat ni Dictature, ni, en un mot, aucun pouvoir à l'abri duquel il puiſſe démaſquer, tout-à-coup, l'ambition qu'on voudroit lui ſuppoſer, ou, quand on ne lui en ſuppoſeroit point, ſe corrompre inſenſiblement. La ſeule porte que la Conſtitution ouvre à ſon ambition, plus ou moins grande, eſt une place dans le Miniſtere, ſous le bon plaiſir du Roi. Si, par de nouveaux ſervices & la conſervation de ſon crédit, il ſe met en état d'aſpirer plus haut, la ſeule porte qui s'ouvre de nouveau, eſt celle de la Chambre des Seigneurs.

Mais ce pas de l'homme du Peuple vers l'établiſſement de ſa grandeur, en eſt, en même tems, un grand vers la diminution de cette puiſſance qui pouvoit le rendre redoutable.

Premiérement, le Peuple voyant qu'il dépend beaucoup moins de ſes ſuffrages, commence par cela ſeul à diminuer ſon attachement. Le voyant, de plus, décoré de prérogatives qui ſont l'objet de ſa jalouſie, j'entends ſa jalouſie politique, & membre d'un Corps qui a ſouvent des intérêts oppoſés aux ſiens, il s'imagine que cette grande & nouvelle dignité n'a pu être acquiſe qu'au moyen d'un pacte ſecret de le trahir. Suivant lui, ſon Patron, ſubitement transformé, va prendre le contrepié d'une conduite qui lui a valu ſes ſuccès & ſa haute réputation, & démentir, en peu d'heures, des principes ſi longtems & ſi hautement profeſſés. En cela ſûrement le Peuple ſe trompe; mais en quoi il n'auroit pas tort, ce ſeroit de craindre que ce zele ſi vif, ſi conſtant, j'ajouterai même si vrai, lorsqu'il avoit pour lui le stimulant de l'intérêt particulier, le trouvant désormais souvent en opposition, n'en soit beaucoup tempéré.

Il y a plus. L'homme du Peuple ne trouve pas même dans sa nouvelle dignité, toute l'augmentation de grandeur & d'éclat qu'on pourroit d'abord imaginer.

Ci-devant il n'étoit, il est vrai, qu'un simple particulier, mais il étoit l'objet auquel toute la Nation s'intéressoit: ses actions étoient annoncées par la voie des papiers publics, & il faisoit l'objet de la plus grande partie des conversations.

Toutes ces marques d'affection s'acquiérent quelquefois, je le sais, assez légerement; mais elles ne se soutiennent, quoiqu'on en puisse dire, que quand on rend des services réels: or le titre mérité & universellement donné, de bienfaiteur de la Nation, est toujours un très beau titre, & qui peut fort bien se soutenir sans décoration. De plus, s'il n'étoit que membre de la partie inférieure du Corps législatif; d'un autre côté il y étoit le premier, & le mot, *premier*, est toujours un très grand mot.

Mais à présent qu'il est fait Lord, toute cette grandeur, jusques-là indéterminée, se définit. En lui accordant des prérogatives établies & fixées par des loix connues, on ôte à son éclat cette incertitude si précieuse dans les choses d'imagination: & son prix tombe, justement parce qu'on l'évalue.

De plus. Il eſt Lord : mais il eſt des hommes qui ont peu de talens & pas beaucoup de qualités eſtimables, qui ſont Lords auſſi ; ſa place eſt pourtant d'être à côté d'eux ; la loi ne lui accorde rien de plus, & tout ce que ſa grandeur a de réel, ſe perd parmi un tas de grandeurs héréditaires & conventionnelles.

Et ce ne ſont pas là les ſeules pertes que l'homme du peuple doit eſſuyer. Indépendamment des grands changemens qu'il voit au loin, il en éprouve autour de lui de pas moins grands & bien plus réels.

S'élévant autrefois du milieu de la Chambre des Communes, ſes talens & ſes ſuccès l'avoient auſſitôt mis hors du pair ; & pouſſé par la chaleur & la vivacité de la voix publique, ceux qui auroient été tentés d'être ſes compétiteurs étoient réduits au ſilence, ou, même, devenoient ſes partiſans.

Admis aujourd'hui dans une Aſſemblée qui tient ſes droits de ſa Naiſſance, il y trouve des hommes, juſques ici, ſes ſupérieurs ; des hommes jaloux des talens de *l'homme nouveau*, &, qui ſont bien réſolus qu'après avoir été le Chef dans la Chambre des Communes, il ne ſoit pas le premier dans la leur.

En un mot, les ſuccès de l'homme du peuple étoient brillans, même redoutables ; mais la Conſtitution, dans leur récompenſe même, lui fait trouver l'Oſtraciſme. Son mouvement étoit grand & ſa courſe rapide ; c'étoit, ſi l'on veut, un torrent qui alloit tout renverſer ; mais ce torrent eſt néceſſité, par l'arrangement des choſes, à aller ſe jetter dans un vaſte réſervoir, où il ſe mêle & perd ſa direction & ſon mouvement.

Je ſais que l'on peut dire que, pour éviter le pas qui doit le priver de tant d'avantages, l'homme du peuple doit refuſer la dignité qu'on lui offre, & attendre des ſuccès plus grands & plus déciſifs, de ſon éloquence dans la Chambre des Communes & de ſon crédit parmi le Peuple.

Mais ceux qui lui donnent ce conſeil ne l'ont pas bien examiné. Sans doute, il eſt poſſible qu'il y ait, & même il y a des hommes, en Angleterre, qui dans la pourſuite actuelle d'un projet qu'ils croient utile au bien public, feroient capables de refuſer, pour un tems, une place qui ôteroit à leur vertu les moyens de s'exercer, ou, même, lui feroit courir des hazards. Mais malheur à celui qui perſiſteroit dans un tel refus avec des vues dangereuſes, & qui, dans un Gouvernement qui a établi la liberté ſur des baſes ſi ſolides, voudroit faire accroire au peuple que ſon ſalut tient à la vertu, & à la vertu perſévérante, d'un ſeul Citoyen. Ses deſſeins, & la choſe ne pourroit tarder, venant à être découverts, ſon obſtination à ſe tenir hors du cours des choſes, indiqueroit des prétentions à des choſes ſi extraordinaires, que tout ce qu'il y auroit de gens attachés à l'Etat, dans quelque parti qu'ils fuſſent, ſortiroient ſur lui, & il tomberoit accablé de tant de ridicule, qu'il vaudroit mieux pour lui tomber de la roche Tarpeienne.

Enfin, lors même qu'on fuppoferoit que le nouveau Lord conferveroit tout fon crédit dans le Public, ou, ce qui ne feroit pas moins difficile, qu'un Lord quelconque pût, par fes richeffes & fa naiffance, briller d'un éclat rival de la Majefté Royale, tous ces avantages, quels qu'ils fuffent, ne pouvant lui attribuer la plus petite portion de pouvoir exécutif, ne feroient jamais que des avantages d'apparat. Trouvant tous les principes d'activité redoutablement configués dans la puiffance même qu'il voudroit attaquer, fon crédit fe confumeroit en difcours jamais réduits en action, &, après s'être pouffé, ainfi qu'on le fuppofe, jufques au pié du Trône, n'y trouvant pas le plus petit ruiffeau qui le vivifie, il feroit toujours forcé, quelque vigoureux qu'eût été fon jet, de languir & de fe fécher.

A Dieu ne plaife, au refte, que je veuille dire que le Peuple Anglois, condamné à l'inaction, ne puiffe, dans un tems d'oppreffion, fe choifir un défenfeur. Non, j'ai voulu feulement dire, que les loix d'Angleterre n'ouvrent aucune porte à ces accumulations de pouvoirs qui ont perdu tant de Républiques. Qu'elles n'offrent à l'ambitieux aucun moyen de profiter de l'inadvertence, ou même de la reconnoiffance du Peuple, pour s'en faire le Tyran. Et que la force publique, dont le Roi eft dépofitaire, tant que les chofes reftent dans le cours légal, eft abfolument inébranlable; ce qui, pour le dire en paffant, lui eft un motif bien puiffant de n'en point fortir.

Un autre grand avantage, & qu'on ne soupçonneroit point d'abord, dans cette unité du grand Magistrat de l'Angleterre, dans cette réunion &, pour ainsi dire, dans cette concervation de toutes les branches du pouvoir exécutif, c'est la facilité de le limiter.

Dans les Etats où l'exécution des Loix est confiée entre plusieurs mains, &, dans chacune, avec des titres & des prérogatives différentes, cette division, & la mobilité qui en est la suite, dérobent sans cesse la véritable cause des maux de l'Etat, &, dans l'éternelle variation des choses, aucun principe ne s'établit, & les malheurs restent sans utilité.

Tantôt, ce sont des Tribuns militaires, & tantôt des Consuls: tantôt ce sont des Patriciens qui envahissent tout, & tantôt ceux qu'on appelle Nobles: tantôt on est tyrannisé par des Consuls, & tantôt par des Dictateurs. La Tyrannie, dans de tels Etats, ne renverse pas toujours les barriéres, mais elle s'élance par dessus: lorsqu'on la croit bornée dans un lieu, elle reparoît, tout-à-coup dans un autre: elle ne se joue pas des efforts du peuple comme invincible, mais comme inconnue: saisie avec les bras d'Hercule, elle échappe avec les ruses d'un Protée.

Mais, en Angleterre, l'immobilité de la force exécutrice des Loix, & sa grandeur, ont toujours prévenu les erreurs des peuples. Constamment tournés vers cette Forteresse antique du Pouvoir Royal, ils en font, depuis sept siécles, l'objet de leurs allarmes; ils en considerent avec inquiétude toutes les parties, ils en obſervent toutes les iſſues: ils ont, même, percé la terre, pour en découvrir les ſouterrains & les voies ſecretes.

Réunis par la grandeur du danger, ils ont formé réguliérement leurs attaques; ils ont établi, d'abord au loin, leurs ouvrages; ils les ont enſuite rapprochés ſucceſſivement; & lorſque les barriéres qu'ils avoient poſées ſont venues à être ébranlées par les efforts du dedans, ils les ont fortifiées par de nouvelles.

Après que la grande Charte eut été établie, quarante confirmations ſucceſſives vinrent à l'appui. L'Acte de la Petition des Droits & celui de la 16. Année de Charles premier les ſuivirent. Quelques années après l'on vit s'établir l'Acte d'*Habeas Corpus*: & le Bill des Droits parut enſuite. Enfin, quelles qu'aient été les circonſtances, ils ont toujours eu, dans leurs travaux, l'ineſtimable avantage de connoître, avec certitude, le ſiége général des maux dont ils avoient à ſe défendre, & chaque malheur, chaque éruption particuliére, en indiquant un endroit foible, a procuré un nouveau rempart à la liberté.

Pour tout dire en deux mots. Le Pouvoir qui gouverne en Angleterre, eſt redoutable; mais il avertit: ſes reſſources ſont vaſtes; mais on les connoît.

CHA-

CHAPITRE XII.

Second Avantage. Décision de la Puissance Législative.

LA seconde singularité que l'Angleterre, comme ne formant qu'un seul Etat & un Etat libre, offre dans sa Constitution, c'est la division de la Puissance Législative. Mais, pour mieux faire sentir les avantages de cette division, je dois poser quelques principes.

Sans doute, il est très essentiel, pour assurer la Constitution d'un Etat, d'y limiter le Pouvoir exécutif; mais il l'est beaucoup plus d'y limiter le Pouvoir législatif. Ce que celui-là ne fait que par contre-coup, je veux dire de renverser les loix, & par une suite plus ou moins longue d'événemens; celui-ci le fait en un moment: les loix n'ayant besoin, pour exister, que de sa volonté, il peut aussi les anéantir par sa volonté. Et, si l'on veut me permettre l'expression, la Puissance législative change la Constitution, comme Dieu créa la lumiére.

Pour rendre donc stable la Constitution d'un Etat, il faut absolument y borner le Pouvoir législatif.

Mais, au lieu que le Pouvoir exécutif peut se borner, quoique réuni, & même ne se borne que mieux, le législatif, au contraire, veut absolument être divisé. Car, quelques loix qu'il fasse pour se limiter lui-même, elles ne sont jamais, par rapport à lui, que de simples résolutions; les points d'appui aux barrières qu'il voudroit se donner, portant sur lui & dans lui, ne sont pas des points d'appui. En un mot, on trouve à arrêter la Puissance législative, lorsqu'elle est *une*, la même impossibilité qu'Archimede trouvoit à mouvoir la terre.

Et non-seulement, la division de la Puissance législative est capable de la limiter, en faisant de chaque partie le point d'appui qui doit arrêter les autres; mais elle la limite réellement. Si elle a été divisée en deux parties, il est probable qu'elles ne se réuniront pas toujours, soit pour faire, soit pour défaire: si on l'a divisée en trois parties, la chance qu'il ne se fera aucun changement, se trouve extrêmement augmentée.

Il y a plus. Une sorte de point d'honneur s'introduisant naturellement entre les diverses parties du Corps législatif, elles ne se proposeront mutuellement que des choses, tout au moins, justifiables; & les changemens très nuisibles seront prévenus avant leur naissance.

Si les Pouvoirs législatif & exécutif different si fort, quant à la nécessité d'être divisés pour être limités, ils ne different pas moins quant aux autres conséquences de la division.

La division du Pouvoir exécutif introduit nécessairement des oppositions de fait, même des violences, entre les diverses parties; & celle qui vient à bout de réunir à soi toutes les autres, se met incontinent au dessus des loix. Mais l'opposition qui s'introduit,

& qui pour le bien des choses doit s'introduire, entre les diverses parties du Corps législatif, n'est jamais qu'une opposition de principes & d'intentions: tout se passe dans les régions morales; & la seule guerre qui se fasse, est une guerre de volontés & de volontés.

De plus, lorsque, par la sorte de victoire de l'une des parties, toutes se réunissent, c'est pour donner l'existence à une loi qui a une très grande probabilité d'être bonne: lorsque l'une d'elles succombe & voit sa proposition tomber, le pis qui en résulte est qu'une loi ne se fait point, & il n'en coûte à l'Etat d'autre sacrifice que celui d'un Etre de raison.

En un mot, l'effet de la division du Pouvoir exécutif est l'établissement du droit du plus fort ou une guerre continuelle; celui de la division du Pouvoir législatif, est la vérité ou le repos.

Regle générale, par conséquent. Pour qu'un Etat soit stable, il faut que le Pouvoir législatif y soit divisé: pour qu'il soit tranquille, il faut que le Pouvoir exécutif y soit réuni.

Que si l'on avoit quelque doute, au sujet des principes posés ci-dessus, on n'auroit qu'à jetter les yeux sur les opérations de la Législation de l'Angleterre pour en trouver la démonstration. L'on verroit, avec étonnement, que depuis la *restauration*, c'est-à-dire, pendant un espace de plus de cent années, il n'a été presque aucune loi que les circonstances aient fait voir être utile à l'Etat, qui ne se soit faite. Bien plus. Il n'y a eu que très peu de loix de détail qui aient été changées ; &, si l'on excepte l'Acte qui, sous George premier, rendit les Parlemens septennaux, il n'y en a eu aucune, intéressante véritablement la Constitution, qui ayant été faite depuis l'époque dont nous parlons, ait ensuite été annullée.

Si l'on compare une telle constance aux bouleversemens continuels de la législation de quelques anciennes Républiques, à la folie de plusieurs des loix que l'on y portoit, (*a*) & à la folie, plus grande encore, avec laquelle on y renversoit les loix les plus salutaires le lendemain du jour qui les avoit vu sanctionner ; si l'on se rappelle les moyens extraordinaires auxquels la Puissance législative, convaincue qu'avec toute sa grandeur elle ne faisoit que se mieux exterminer elle-même, y étoit obligée d'avoir recours, pour se donner des entraves, (*b*) l'on sera persuadé de l'inestimable avantage qu'a, à cet égard, la Constitution de l'Angleterre.

La réunion du Pouvoir exécutif n'a pas causé de moindres avantages. Depuis la même époque de la *restauration*, le maintien, & même le progrès continuel, de la liberté, n'a pas causé de troubles en An-

(*a*) Les Athéniens, entr'autres loix, en avoient fait une qui défendoit d'appliquer à d'autres usages qu'à l'entretien des Théâtres, une partie des revenus publics.

(*b*) On avoit défendu, dans plusieurs endroits, que personne proposât certaines choses, sous peine de mort ; & ceux qui, pour le bien de l'état, dans une circonstance pressante, vouloient violer cette loi, comptant sur la compassion du Peuple, paroissoient en public la corde au cou.

gleterre, par où j'entends, de cessation du pouvoir des loix. Je demande où est l'Etat qui, ayant joui, je dis joui, de la liberté, puisse alléguer un tel intervalle? (*a*)

Je sais que, pour réduire l'espace dont je parle, à celui, qui n'est pas beaucoup moindre, de quatre-vingts années, on objectera la révolution de 1689; mais, c'est cette objection même que j'attendois, pour fournir une confirmation éclatante de ce que je dis.

Sans doute, la Constitution d'Angleterre, quelle qu'elle fût, ne pouvoit réformer un Prince qui joignoit un fâcheux naturel, une mauvaise éducation & une superstition furieuse, aux tentations du Pouvoir; sans doute, encore, cette Constitution, qui étoit une Constitution libre, ne pouvoit prescrire aux peuples de se soumettre, sans murmurer, aux invasions d'un usurpateur. Mais, lorsque le moment fut venu, de lui déclarer que l'abandon des devoirs attachés au Trône étoit *l'abdication* du Trône, elle avoit si bien préparé les choses, que cette déclaration le fit & eut son effet, sans produire, même, de désordre.

Et je le demande, si, dans de telles circonstances, il eut été un Citoyen qui, ayant une commission immédiate de la Puissance législative, eut

(*a*) Le Royaume de l'Europe où l'on regarde le plus la tranquillité, comme une compensation pour la perte de la liberté, n'en compte pas un plus grand depuis sa derniere guerre.

pu déployer un pouvoir toujours exiſtant & indépendant, ou ſi, même, ce Citoyen, par de grands & importans emplois exercés ci-devant en ſon nom, eut eu ſimplement l'avantage d'avoir accoutumé les peuples à tourner les yeux ſur lui, ne ſe fut-il pas ſaiſi de la portion des rênes de l'Etat qu'il eut vu abandonnées, &, s'ils euſſent été pluſieurs, l'Etat n'eut-il pas été inondé de ſang ?

Mais comme, par l'abſence du grand Magiſtrat de la Nation, de l'unique que le peuple & la loi connaiſſent, il ne reſtoit de puiſſance active que préciſément ce que le conſentement tacite & univerſel permettoit qu'il en reſtât, pour ſoutenir les parties de la Conſtitution, & empêcher que retombant les unes ſur les autres, elles ne fiſſent de l'Etat une vaſte confuſion, les tentatives même furent prévenues; la Nation ſe trouva n'être qu'une immenſe aſſemblée de particuliers, & où chacun n'avoit, pour lui, que l'intrinſeque de ſa force individuelle.

Raſſemblés autour du Trône, ils contemploient, en ſilence, l'aſſemblage indiviſible de toutes les puiſſances de l'Etat, qui avoient perdu leur moteur; & l'ambitieux, s'il y eut quelqu'un qui oſât l'être, frappé de l'immenſité du vuide qui ſe préſentoit à remplir, conſterné & écraſé du ſentiment de ſon *unité*, reſtoit immobile lorſqu'il levoit les yeux vers ce formidable dépôt.

Je reviens. Quels que ſoient les avantages d'une diviſion de la Puiſſance légiſlative, cependant, ſi cette diviſion ne faiſoit que ſe diſtribuer en deux ou pluſieurs parties homogenes, la probabilité que ces diverſes parties, après s'être réunies pour *faire*, ne ſe réuniroient pas pour *défaire*, ne ſeroit fondée que ſur la probabilité d'une différence dans leurs opinions; & cette différence ne pouvant être que momentanée, par conſéquent, très caſuelle, la conſtance, ou le repos, qui eſt le but qu'on ſe propoſe, ne ſeroit, peut-être, pas ſuffiſamment établi.

Pour rendre, donc, réguliére cette différence dans les opinions des Corps légiſlatifs, que nous diſons être requiſe, il faut abſolument établir une différence dans les intérêts particuliers, tout au moins, de leurs différens individus. Ce reſſort, je le ſais, n'eſt pas le plus noble, mais il eſt le plus ſûr & même le ſeul qui ſoit toujours ſûr, &, comme une ſorte de force de peſanteur, a une tendance invariable à faire reſter les choſes dans une certaine place, ou à les y faire revenir.

Que ſi l'on pouvoit faire en ſorte que cette certaine place, où tendroit la force que nous déſirons, ſe trouvât être celle où la Conſtitution deſire que les choſes ſoient; ou, en d'autres termes, ſi le moyen qu'on employeroit pour réveiller l'intérêt particulier, pouvoit diriger ſes vues, de maniére à les faire concourir avec celles du bien public, en trouvant un tel moyen, on pourroit ſe flatter d'avoir beaucoup fait.

Comme il eſt queſtion, cependant, de diviſer la Puiſſance légiſlative, & non pas l'Etat, il faudroit, en jettant dans un des Corps légiſlatifs la totalité du Peuple, ou, du moins, ſes Repréſentans, ne mettre, dans les autres, qu'un nombre d'hommes rélativement très petit; sans quoi on pourroit faire porter les différences d'intérêts, sur des choses trop réelles & trop considérables; &, au lieu d'un peuple, on risqueroit d'en faire plusieurs.

D'un autre côté, il seroit à craindre que ces parties de la Puissance législative qui, par leur nombre, seroient hors de proportion avec le reste du Peuple, ne fussent incapables de résister, & que la législation étant reduite à ne consister que dans la partie qui seroit la toute-puissante, la Constitution ne manquât son but.

Que si, au milieu de ces difficultés, le moyen dont nous avons parlé ci-dessus, indépendamment de sa tendance au bien général, avoit encore l'avantage de les lever, c'est-à-dire, avoit l'effet de donner aux parties de la législation qui doivent absolument rester foibles, la force suffisante pour résister, alors on pourroit se flatter d'avoir tout fait.

La Constitution d'Angleterre me paroît avoir réuni tous ces avantages. La difficulté n'y étoit pas, à la vérité, d'établir une diversité d'intérêts entre le Pouvoir exécutif, c'est-à-dire, le Roi, & le Peuple: au contraire, on peut fort bien, dans la spéculation, considérer le Pouvoir exécutif, comme un aggresseur; & le Peuple, comme obligé de se défendre. Et, même, cette différence d'intérêts, étant trop considérable, pourroit produire, de part & d'autre, des efforts si soutenus qu'à la fin, l'un l'emportant décisivement sur l'autre, il en résulteroit, ou la perte de la liberté, ou les malheurs dont nous avons parlé ci-dessus.

La prépondérance du Roi, ou celle du Peuple, étant donc les grands, & même, les seuls véritables dangers que le Gouvernement d'Angleterre puisse courir, il falloit, absolument, que les prérogatives du troisiéme Corps législatif, fussent telles, qu'elles en fissent un Corps intermédiaire, c'est-à-dire, qui redoutât également le trop grand pouvoir de l'un, ou de l'autre.

C'est à quoi la prérogative de la *Noblesse*, dont jouissent ceux, qui en sont membres, satisfait très bien. Sans diminuer l'intérêt qu'ils ont, comme Citoyens, à s'opposer à l'accroissement du Pouvoir exécutif, elle leur fait craindre, dans la prépondérance du Peuple, une confusion de rangs, qui, quoique ne leur ôtant pas expressément l'avantage dont ils jouissent, l'anéantiroit, par le fait, en l'empêchant d'être apperçu. Et, dans le balancement continuel de la puissance du Roi, & de celle de la Nation, le Corps de la Noblesse, comme un poids posé & établi de façon à se jetter du côté foible, entretient toujours l'équilibre.

Et si la Constitution, par cette seule prérogative, a trouvé le moyen d'établir, d'une maniére durable, une diversité de principes, si nécessaire au maintien des choses; elle en a, de plus, assuré l'effet, au moyen de cette même prérogative, & en se conformant à ce qui semble être son général principe, de placer ce qui peut frapper l'imagination du peuple, là où elle n'a pu mettre sa confiance; & de compenser le défaut de force réelle, par la magie de la dignité.

Ainsi, le Chef unique, qui, par son *unité*, est au comble de la foiblesse, réunit, d'ailleurs, toute la Splendeur & la Majesté: & les Nobles qui, rélativement à lui, forment un Corps très nombreux, ont été mis, à cet égard, hors de toute comparaison. (*a*)

Mais, ces mêmes Nobles se trouvant n'avoir aucune proportion avec la totalité du Peuple, ont, d'un autre côté, tout l'éclat d'une dignité héréditaire, & un titre absolument exclusif. (*b*)

De plus; l'étiquette donne à leur Corps une grande supériorité sur celui des Représentans du Peuple. Ils sont la *Maison* haute, & ceux-ci sont la *Maison* basse. Ils sont censés plus particuliérement le Conseil du Roi, & c'est dans le lieu de leur assemblée qu'est son Trône. Lorsque la Session s'ouvre ou, en général, lorsque le Roi vient en Parlement, c'est

---

(*a*) A Rome, où tout cet ordre étoit renversé; où l'on mettoit les faisceaux aux pieds du Peuple; & où les Tribuns, qui, ainsi que le Roi d'Angleterre, avoient la fonction de s'opposer à l'établissement des nouvelles Loix, ne formoient qu'une Magistrature subordonnée: ce fut une grande cause de désordres.

(*b*) Il n'y a, en Angleterre, que ceux qui forment la Chambre des Pairs, ou qui ont droit à y siéger un jour, comme les Lords en minorité, qui aient le titre d'homme Noble, (*Nobleman*): tout le reste est *Commoner*, c'est-à-dire, du Peuple. Les Pairs, même, d'Irlande, & les fils des Lords, quoiqu'ayant, dans certains cas, le titre de Lord, *par courtoisie*, ne le reçoivent pas dans les Tribunaux,

de la Chambre des Lords qu'il fait citer les Communes, & elles y comparoissent à la barre pour entendre sa déclaration. C'est encore auprès des Lords, que les Communes portent leurs diverses accusations. Lorsqu'ayant passé un bill, elles le leur envoient, elles députent toujours un certain nombre de leurs Membres: (*a*) & eux-mêmes envoient les leurs par quelques-uns des assistans de leur Chambre (*b*). Lorsque les modifications que l'une des Chambres désireroit apporter à un bill présenté par l'autre, rendent une conférence nécessaire, les députés de celle des Communes doivent y être découverts: enfin, les bills, où qu'ils aient reçu leur derniere sanction, doivent rester dans la Chambre haute, pour y attendre le consentement Royal.

De plus; les Lords sont censés être membres de la Législation, & assister en Parlement pour leur propre compte & en vertu d'un droit inhérent à leur personne: & ils ont, en conséquence, le privilege de donner leur suffrage par procuration (*c*), & *d'entrer*, c'est-à-dire, d'enrégistrer, un protest, contre les résolutions de leur Chambre. En un mot, ce

(*a*) L'Orateur de la Chambre des Pairs, qui est ordinairement le Lord Chancelier, doit descendre de son *sac de laine* pour venir recevoir le bill.

(*b*) Qui sont les douze grands Juges & les *Maîtres* de la Chancellerie. L'étiquette regle aussi les égards avec lesquels, deux d'entr'eux qui sont députés pour porter un bill, doivent le remettre.

(*c*) Les Membres de la Chambre des Communes n'ont pas ce droit, parce qu'ils sont, eux-mêmes, procureurs pour le peuple. 4. Inst. p. 12.

troisiéme Corps de la Puissance législative étant destiné à balancer souvent le pouvoir du Peuple ; ce qu'il n'a pu recevoir en force réelle, il l'a reçu en grandeur ; & lorsqu'il ne peut résister par son poids, il en impose par son volume.

Enfin, ces diverses prérogatives qu'accorde la Constitution, étant toutes avec l'Etat & dans l'Etat, fleurissant & se flétrissant dans les différentes vicissitudes de la prospérité publique, quelques oppositions particuliéres qu'elles occasionnent, elles n'en sauroient produire aucune, lorsqu'il s'agit du bien public, clairement reconnu. Et lorsque, pour se rassurer contre l'incertitude, toujours si grande, de raisonnemens à *priori* sur des sujets tels que celui-ci, on jette les yeux sur les *débats* des deux Chambres depuis une longue suite d'années, & qu'on voit quelles loix ont été proposées ; quelles ont été acceptées ; quelles ont été rejettées ; & quelles raisons ont été alléguées, on se persuade que la Constitution d'Angleterre, dans la formation & distribution de la Puissance législative, a rencontré le mieux possible.

CHAPITRE XIII.

Troisiéme Avantage. Ordre observé dans les opérations de la Puissance Législative.

UNE troisiéme chose qu'il me reste à faire voir être particuliére au Gouvernement de l'Angleterre & y produire, dans le même tems, les plus grands effets, c'est la maniére dont il a réparti & réglé les fonctions des trois pouvoirs législatifs.

Si l'on y fait attention, on verra, que dans toutes les anciennes Républiques, la fonction du Peuple étoit *d'approuver*, ou de *rejetter* ce qu'on lui proposoit, & de donner aux loix la sanction finale. La fonction des personnes ou des Corps chargés de l'exercice du pouvoir exécutif, étoit de préparer les loix & de les proposer, & ils avoient toujours, ce que j'appellerai *l'initiative*, c'est-à-dire, le pouvoir de mettre la Puissance législative en mouvement.

Et même, cette *initiative*, en en faisant un droit exclusif & absolument propre à ces Corps ou personnes, étoit devenu dans plusieurs endroits un moyen de limiter la Puissance législative, & c'est encore, aujourd'hui, celui qu'emploient plusieurs petites Républiques.

Mais un tel moyen, qui peut être corrigé par d'autres dans un petit Etat, parce que presque tous les moyens y sont bons, est un moyen destructeur dans de grands Etats, où tant & de si grandes choses, d'accident, viennent se joindre aux conséquences immédiates & prévues. Dans de tels Etats, lorsque le pouvoir de ceux qui gouvernent a acquis un certain point de stabilité en même tems que d'étendue, les manifestations de la volonté Législative, n'étant plus que des obstacles à son exercice, ils ne voient, en elle, qu'un ennemi qu'ils doivent bien se garder de réveiller. En conséquence, ils convoquent l'assemblée le plus rarement qu'ils peuvent: lorsqu'ils le font, ils ont grande attention de ne rien proposer en faveur de la liberté; bientôt, même, ils s'en dispensent tout-à-fait; le grand & beau droit du Peuple, de faire lui-même ses Loix, se rouillant dans la désuétude, n'est, enfin, plus que renommée, & le seul avantage qui en reste, est l'avantage foible & éloigné, d'une sorte de réclamation, contre les longues & accumulées usurpations de ceux qui gouvernent.

Mais la Constitution Angloise a su, encore, prévenir un si grand malheur. C'est le peuple, ou du moins ceux qui le représentent, qui ont *l'initiative*, c'est-à-dire, qui préparent les loix & qui les proposent. Et, parmi les nouveautés que les Politiques de l'antiquité pourroient trouver dans cette Constitution, celle de voir la personne chargée du pouvoir exécutif, faire ce qu'ils croyoient nécessairement le lot du peuple; & le peuple, ce qu'ils regardoient comme la fonction indispensable de ses Magistrats, ne seroit sûrement pas celle qui les étonneroit le moins.

Je fais que l'on me fera l'objection que le Roi d'Angleterre pouvant dissoudre, ou même, ne pas convoquer son Parlement, a un Droit qui, par le fait, se trouve être le même que celui que je dis si dangereux.

A cela je réponds qu'il faut combiner toutes les choses ensemble. Sans doute, si le Roi d'Angleterre eut pu exister sans son Parlement, il y a longtems qu'il se seroit dispensé de le convoquer, & cette assemblée, ainsi que les assemblées Nationales de plusieurs Etats, n'existeroit que dans l'histoire.

Mais, ainsi que nous l'avons vu ci-dessus, les besoins de l'Etat &, surtout, la grande époque de l'établissement d'une liste civile, ramenent nécessairement le Roi à la Puissance législative; & c'est alors, qu'on voit la différence qu'il y a, entre le droit de ne pas convoquer, lorsque la nature des choses oblige enfin à le faire; & celui, lorsqu'une assemblée est formée, d'être le seul qui y propose.

Dans le dernier cas, lors même qu'un Prince, afin de garder les apparences, pourroit se résoudre à parler d'autre chose que de ses besoins, ce seroit pour proposer, par maniére d'acquit, le sacrifice de quelque prérogative dont il ne sauroit que faire, ou pour réformer quelque abus que son inclination ne le porte point à imiter; mais il se garderoit bien de toucher aux endroits que son ambition pourroit regarder comme délicats.

De plus, les choses se faisant, ou paroissant se faire, de son propre mouvement, & étant, en quelque façon, des effets de fa libéralité, tout ce qu'il feroit au deffus de rien, ou tout au moins au deffus de très peu, feroit, fuivant lui, des chofes fort confidérables, & pour lesquelles on devroit avoir beaucoup de reconnoiffance. Enfin, ce feroit à lui à pofer les modifications & les exceptions aux loix qu'il accorderoit; ce feroit, encore, lui qui en fourniroit les expreffions: il ne feroit pas raifonnable d'attendre qu'il fe donnât de très grands foins pour éviter les ambiguités. (*a*)

Mais le Parlement d'Angleterre n'eft point, comme nous l'avons déja dit, condamné à attendre, patiemment & en filence, les loix qu'on voudra bien lui propofer. A l'ouverture de chaque Seffion, il prend lui-même en main le grand livre de l'Etat; il en ouvre toutes les pages; il en examine tous les articles.

Et il n'eft pas fi preffé de finir. Lorfqu'il a découvert des abus, il recherche quelles en font les caufes: lorfqu'ils proviennent de la violation des loix, il les raffermit: lorfqu'ils viennent de leur imprévoyance, il y pourvoit par de nouvelles.

Le

(*a*) Dans l'origine de la Chambre des Communes, les bills étoient préfentés au Roi, fous la forme de Pétitions; celles auxquelles le Roi avoit affenti, étoient couchées fur les rôles du Parlement, avec fa réponfe; &, à la fin de chaque Parlement, les Juges les réduifoient en *ftatuts*. Divers abus s'étant gliffés dans ces opérations, il fut ordonné que les Juges formeroient le *ftatut* avant la fin de la Seffion. Enfin, cela n'ayant pas fuffi, les bills furent introduits dans la forme qu'ils ont aujourd'hui, c'eft-à-dire, que c'eft chaque Chambre qui dreffe le *ftatut*, elle-même.

Le grand objet, furtout, des fubfides, n'eft point, fuivant lui, une chofe fur laquelle il faille fi fort fe hâter, & il ne fe détermine, à cet égard, que quand il voit toutes les fûretés de l'État folidement établies. En un mot, la *légiflation*, dans un tel état de chofes, n'eft point un contract *gratuit* & où le Peuple foit obligé de prendre ce qu'on lui donne, & comme on le lui donne: c'eft un contract dans lequel il achete & paye, & dont il prefcrit les conditions & fournit lui-même les termes.

Toutes ces chofes font fi évidentes qu'elles ne font point ce que j'avois d'abord en vue, lorfque j'ai parlé des avantages de la Conftitution d'Angleterre, dans l'ordre qu'elle a prefcrit aux opérations du Pouvoir légiflatif; & je n'ai pas penfé à donner, pour une addition à la liberté, ce, fans quoi, il n'y en auroit point du tout. J'ai voulu dire, que, non-feulement le Roi d'Angleterre n'a pas, dans fon Parlement, le droit exclufif de propofer; mais, même, qu'il ne propofe point du tout.

J'avoue qu'il paroît très naturel, dans la formation d'un Etat, de confier l'opération, fi importante, de préparer & de propofer des loix, à ceux dont les emplois & l'expérience doivent avoir confommé la fageffe. Mais la pratique a malheureufement démontré, que les grandes affaires meuriffent moins la tête, qu'elles ne corrompent le cœur; & il s'eft trouvé que l'effet d'une précaution, qui paroît d'abord dictée par la prudence même, eft de mettre le Peuple, par rapport à des chofes qui intéreffent fon falut, sur la défensive la plus désavantageuse, & de se livrer aux aggressions continuelles de ceux qui joignent, aux plus grandes tentations, les plus grands moyens de le tromper.

Si l'on jette les yeux sur l'histoire des anciens Etats, dans les tems où le Pouvoir exécutif y étant encore dans la dépendance étoit obligé de recourir souvent à la Puissance législative, on verra, presque continuellement, celle-ci interrogée & dirigée par ceux qui ne vouloient que la conduire au précipice, ne se mouvoir que pour faire des playes à l'Etat.

Et ces hommes, sur la sagesse desquels la loi avoit d'abord si fort compté, en vinrent, à la fin, au point de perdre tellement toute pudeur, que, quand les argumens ne suffirent plus, ils recoururent à la force; les assemblées législatives devinrent des champs de bataille, & leur puissance une calamité de plus.

Je sens très bien, au reste, que la différence des circonstances empêcheroit que les choses prissent, en Angleterre, une aussi funeste tournure. Mais, d'un autre côté, qu'on se rappelle que la personne qui y est chargée du dépôt du pouvoir exécutif, réunit en elle toute la force & toute la majesté publique. Qu'on se représente le grand & unique Magistrat de la Nation poursuivant la sanction des loix qu'il auroit proposées, avec la vivacité de ses intérêts, qui sont toujours si grands; avec la chaleur de l'orgueil Monarchique, qui ne veut point essuyer de refus; & en déployant toute l'immensité de ses ressources.

Il étoit donc absolument indispensable que les choses fussent ordonnées, en Angleterre, comme elles le sont. Si les ressorts moteurs du pouvoir exécutif sont, entre les mains du Roi, un dépôt sacré; ceux du pouvoir législatif sont, entre les mains des deux Chambres, un dépôt qui ne l'est pas moins; dès qu'il est question de les mettre en mouvement, le Roi est frappé, à son tour, de la même immobilité où tous les autres doivent se tenir, dès qu'il est question de ses propres prérogatives: lorsqu'il est en Parlement, il a laissé sa puissance en dehors, & il n'a que son organe pour pouvoir dire *oui*, ou *non*. Si une masse, telle que la Puissance Royale, avoit pu s'agiter, dans le Corps législatif, elle l'auroit incontinent bouleversé.

CHAPITRE XIV.

Avantages d'une Constitution dans laquelle le Peuple agit par des Représentans.

MAIS, dira-t-on, quelle que soit la sagesse des Loix d'Angleterre, quelles que soient leurs précautions par rapport à la sûreté du Particulier, le Peuple, ne les y sanctionnant pas expressément lui-même, ne sauroit être regardé comme un Peuple libre. L'Auteur du *Contract Social* va même plus loin; il décide que « le Peuple Anglois qui pense « être libre se trompe fort; il ne l'est que pendant

» l'Election des membres du Parlement: sitôt qu'ils » sont élus, il est esclave, il n'est rien." (a)

Avant de répondre à cette objection, j'observerai que le mot *Liberté*, est un de ceux dont on a le plus abusé.

Ainsi, à Rome, où le petit nombre qui étoit réellement maître de tout, sentoit qu'une autorité légitime, entre les mains d'un seul, mettroit fin à ses tyrannies, il faisoit accroire au peuple, que, pourvu que ceux qui les faisoient mourir militairement, qui les accabloient de misere & d'insultes, s'appellassent *Consules*, *Dictatores*, *Patricii*, *Nobiles*, en un mot, de tout autre nom que de l'épouvantable nom de *Rex*, ils étoient libres, & qu'une aussi précieuse situation méritoit qu'ils souffrissent tout pour la conserver.

C'est encore ainsi que des Auteurs qui ont écrit de nos jours, séduits par une admiration peu réfléchie pour les Gouvernemens de l'Antiquité, peut-être encore, par le plaisir de contraster fortement dans la *lie* de nos tems modernes, n'ont su voir de modele que dans l'institution de Sparte ou de Rome. Suivant eux, la seule affaire du Citoyen est d'être *sans cesse assemblé sur la place* ou de *marcher au combat*: être *vaillant*, *endurci aux travaux*, *dévoré d'un ardent amour de la patrie*, qui n'est au fonds que l'ardent désir de nuire aux autres hommes, en faveur de la société dont on est membre; & *d'un ardent amour*

(a) Contract Social. Chap. XV.

de la gloire, (a) qui n'eſt encore que l'ardent déſir de les maſſacrer, pour s'en vanter enſuite, leur ont paru être les ſeules choſes par leſquelles l'homme ſocial méritât d'être eſtimé: & prodiguant, pour appuyer de telles idées, des expreſſions exagérées, par conſéquent, diſpenſées d'être exactes, & les mots jamais définis de *lâcheté*, d'*aviliſſement*, de *grandeur d'ame*, de *vertu*, ils ne nous ont jamais dit la ſeule choſe qui méritât d'être dite, ſavoir, ſi l'on étoit heureux dans ces Etats qu'ils nous exhortoient d'imiter.

Et tandis qu'ils méconnoiſſoient, ainſi, le ſeul but raiſonnable des ſociétés, ils n'ont pas moins méconnu celui de la regle qui les devoit diriger. Ils ont été ſatisfaits, lorſqu'ils ont vu le petit nombre, qui décidoit réellement de tout, s'acquitter, de tems en tems, de la cérémonie illuſoire de convoquer le grand pour paroître le conſulter: & donner ſon ſuffrage, quel que fût le déſavantage de la forme, quelle qu'inexécutée, même, que fût la loi qu'on prétendoit faire en commun, leur a paru être la liberté.

Mais ces Auteurs ont raiſon: celui qui contribue, par ſon ſuffrage, à la ſanction des Loix, a fait lui-même la Loi; en y obéiſſant il s'obéit à lui-même; il eſt donc libre. Jeu de mots & rien de plus. Celui

(a) Je prends ces mots dans le ſens qu'on leur donnoit dans les anciennes Républiques, & que leur donnent ceux qui nous en parlent.

qui a voté dans une Assemblée législative, n'a pas fait la loi; il n'y a contribué, ou paru contribuer, que pour sa millieme ou même sa dix millieme partie; il ne lui a été permis, ni d'objecter, ni de discuter, ni de proposer de tempérament, & il n'a pu dire que *oui*, ou *non*. Lorsqu'une loi passe conformément à son suffrage, ce n'est point à ce suffrage qu'il doit de voir sa volonté réussir, c'est parce que d'autres ont occasionnellement voulu comme lui: lorsqu'une loi contraire à ses intentions est sanctionnée, il faut tout de même qu'il s'y soumette.

Il y a plus; lors même qu'on supposeroit que donner son suffrage constitue nécessairement la liberté, cette liberté ne peut jamais durer qu'un instant, après lequel il faut, absolument, s'en remettre à la discrétion d'un autre, c'est-à-dire donc, n'être plus libre. Il faut, par exemple, que le Citoyen qui a donné son suffrage, s'en rapporte à la bonne foi de celui qui les recueille, & ce n'est pas une seule fois, qu'on a vu s'en faire de fausses déclarations.

Il faut encore qu'il s'en rapporte à quelqu'un, pour l'exécution des choses qu'on vient de résoudre: & lorsque l'Assemblée sera séparée & qu'il se trouvera seul, vis-à-vis de ceux qui ont le dépôt de la force publique, vis-à-vis du Consul, par exemple, ou du Dictateur, il sera très peu en sûreté, s'il n'a que celle d'avoir contribué, par son suffrage, à une loi dont ils ont résolu de se moquer.

Qu'est-ce donc que la Liberté? La Liberté, répondrai-je, autant qu'elle peut se trouver dans une association d'Etres dont les intérêts sont presque toujours opposés, consiste en ce que chacun, lorsqu'il respecte la personne des autres, & qu'il les laisse jouir tranquillement des fruits de leur industrie, soit sûr de jouir, à son tour, des fruits de la sienne, & que sa personne sera en sûreté. Mais, contribuer par son suffrage, à établir cet ordre, cet enchaînement, au moyen duquel un homme noyé, pour ainsi dire, dans la foule, est sûrement protégé; indiquer les regles que doit suivre celui qui, muni d'une force considérable, est chargé de la défense des individus; pourvoir à ce qu'il ne les passe point: ce sont-là des branches du Gouvernement, & point du tout de la liberté.

Pour tout dire en deux mots: contribuer, par son suffrage, à la sanction des loix, c'est avoir une portion quelconque de Puissance, mais dans l'exercice de laquelle, encore une fois, on est très éloigné de voir toujours sa volonté réussir. Vivre dans un Etat où les loix sont égales pour tous, & sûrement exécutées, c'est être libre.

Soit: nous convenons que donner son suffrage n'est pas la liberté, mais un moyen de l'établir, moyen, même, qui peut dégénerer en une simple formalité: nous convenons, de plus, qu'il est possible qu'il en existe d'autres, & que, décider qu'un Etat, de la Constitution & de l'Administration intérieures duquel on n'a aucune connoissance, est un pays où le peuple *est esclave*, *n'est rien*, *n'est plus*, uniquement parce qu'on n'y retrouve pas les *Comices* de l'ancienne Rome, eſt une déciſion, certainement, précipitée. Mais, d'un autre côté, il nous paroît que la liberté ſeroit beaucoup plus complette, ſi tout le peuple étoit expreſſément appellé à dire ſon avis ſur les regles qui doivent l'établir; & que les loix d'Angleterre, par exemple, ſi elles ſe faiſoient par le ſuffrage de tous, ſeroient plus ſages, plus équitables, &, ſurtout, plus ſûrement exécutées. Pour cette objection, comme elle eſt, tout au moins, ſpécieuſe, j'entreprendrai d'y répondre.

Si, dans une aſſociation quelconque d'hommes, il pouvoit n'être queſtion que d'établir, une fois, ce que chacun doit aux autres & à l'Etat; ſi ceux qui ſont chargés de pourvoir à l'exécution de toutes ces choſes, n'avoient ni une ambition, ni, en général, des paſſions qu'un tel emploi excitât & donnât le moyen de ſatisfaire: en un mot, ſi ne regardant leur fonction que comme une tâche pénible, ils n'étoient jamais tentés de s'écarter de l'intention de ceux qui les ont prépoſés, j'avoue qu'alors il pourroit n'y avoir pas d'inconvénient à ce que chacun ſe donnât le plaiſir de prendre une petite part au gouvernement de la Société dont il eſt membre: ou plutôt, je me trompe, dans une telle Société & parmi de tels Etres, il n'y auroit pas beſoin de Gouvernement.

Mais l'expérience nous apprend qu'il faut bien d'autres précautions, pour obliger les hommes à être juſtes les uns envers les autres: & c'eſt, dans les premieres mêmes que l'on peut prendre à cet égard, qu'eſt la ſource la plus féconde des maux qu'on ſe propoſe de prévenir. Ces Loix qui devoient être égales pour chacun, ne parlent bientôt plus que ſuivant que le dicte l'intérêt de ceux qui en ſont les dépoſitaires: inſtituées pour la protection de tous, elles ne défendent, bientôt plus, que les uſurpations de quelques-uns; &, le peuple continuant à les reſpecter, tandis que ceux qui en ſont les gardiens les comptent pour peu, elles n'ont, à la fin, d'autre effet, que de compenſer l'inégalité de forces réelles; & de rendre réguliére & ſans péril, la tyrannie du petit nombre envers le grand.

Remédier, donc, à des maux qui ſont une ſuite néceſſaire de la nature des choſes; obliger ceux qui ſont, en quelque façon, les Maîtres de la Loi, à s'y conformer; rendre ſans effet la conſpiration ſourde, puiſſante & ſans ceſſe active de ceux qui gouvernent, exigent des lumiéres & un eſprit de ſuite, qu'il ne faut point attendre de la multitude.

La plus grande partie de ceux qui la compoſent, diſtraits par les beſoins plus preſſans de la ſubſiſtance, n'ont ni le loiſir, ni même, par leur genre d'éducation, les connoiſſances néceſſaires à de tels ſoins. La Nature, d'ailleurs, avare de ſes dons, n'a donné qu'à une petite proportion d'hommes une tête capable des calculs compliqués d'une Légiſlation: & comme le malade ſe confie à un Médecin, le plaideur à un Avocat, de même, le très grand nombre des Citoyens doit ſe confier à ceux qui ſont plus habiles qu'eux, pour l'exécution de choſes qui, en même tems qu'elles les intéressent si essentiellement, requiérent tant de qualités pour les bien faire.

A ces raisons, déjà si fortes, il s'en joint une autre, s'il se peut, plus décisive. C'est que la multitude, par cela seul qu'elle est une multitude, est incapable d'une résolution réfléchie.

Ceux qui font partie d'une assemblée de Peuple, n'y sont excités par aucune vue nette & précise d'un intérêt présent & personnel. Se voyant, d'ailleurs, confondus dans la foule de ceux qui sont appellés à faire la même fonction; sachant que leur résolution ne changera rien à la résolution générale, & que, de quelque côté qu'ils se jettent, le résultat sera le même, ils n'entreprennent point d'étudier en quoi les choses qu'on leur propose, s'accordent avec la totalité des loix existantes ou avec les circonstances; parce qu'on n'entreprend point un très grand travail, lorsqu'on est sûr qu'il ne produira aucun effet.

C'est, cependant, avec ces dispositions, & chacun se confiant sur tous, que l'Assemblée se forme. Mais, par une suite de ce que très peu ont réfléchi sur ce qui doit en faire l'objet, très peu y portent d'avis, ou du moins d'avis à eux & auquel ils tiennent. Comme il faut, cependant, prendre un parti, la plupart se décident par des raisons dont ils rougiroient de se payer, dans des occasions bien moins sérieuses: un spectacle inusité, un changement dans le lieu de l'Assemblée, un mouvement, une rumeur, sont, dans l'indécision générale, la raison suffisante de la détermination du grand nombre; (*a*) & de l'aggrégation de volontés, formées sans connoissance de cause & sans réflexion, se forme une volonté totale qui est aussi sans réflexion.

Si, au milieu de tous ces désavantages, l'Assemblée étoit laissée à elle-même & que personne n'eût intérêt de la jetter dans l'erreur, le mal, quoique très considérable, ne seroit cependant pas extrême; parce qu'une telle assemblée n'étant jamais appellée à se décider, que sur le *oui* ou sur le *non*, c'est-à-dire, n'ayant jamais que deux partis à prendre, il y a chance égale pour chaçun d'eux, & on pourroit, du moins, espérer, que de deux fois l'une elle rencontreroit le bon.

Mais la ligue de ceux qui ont part à l'Autorité, ou à ses avantages, ne reste pas ainsi dans l'inaction. Ils veillent tandis que le peuple dort: uniquement occupés de leur pouvoir, ils ne respirent que pour l'augmenter: profondement versés dans les affaires, ils voient, d'un coup d'œil, toutes les conséquences des choses; & disposant des ressorts du Gouvernement, ils font naître, à leur gré, tous les incidens qui peuvent influer sur l'esprit d'une multitude qui n'est point sur ses gardes, & qui attend que quelque chose la décide.

Ce sont eux qui convoquent l'Assemblée & qui la dissolvent; ce sont eux qui lui proposent & qui la

(*a*) On peut voir dans l'histoire du peuple Romain de quelle importance il étoit de l'assembler dans un lieu plutôt que dans l'autre: il désapprouvoit hors des murs, par exemple, ce qu'il approuvoit lorsqu'il voyoit le Capitole.

haranguent. Habiles à profiter de tout, ils se servent également de la docilité du peuple pendant la calamité publique, & de son inconsidération dans un tems de prospérité. Lorsque les choses prennent une tournure contraire à leurs espérances, ils le congédient. Lui faisant plusieurs propositions à la fois & qu'il faut accepter *en bloc*, ils cachent ce qui va à leurs vues particulieres; ou le colorent, en le joignant à des choses qu'ils savent devoir frapper agréablement le grand nombre. (a) Présentant, dans leurs discours, des raisonnemens & des faits qu'on n'a point le tems de vérifier, ils jettent dans des erreurs lourdes &, cependant, décisives; & les lieux communs de la rhétorique, aidés de leur influence personnelle, leur suffisent pour entraîner la majorité des suffrages.

D'un autre côté, le petit nombre de ceux, car enfin il s'en trouve, qui, ayant réfléchi sur l'objet en question, voient les conséquences du pas qu'on va faire; perdus dans la foule, ne peuvent faire entendre leur foible voix au milieu de l'acclamation universelle. Ils ne sont pas plus les maîtres d'arrêter

(a) C'est ainsi que le Sénat s'attribua, à Rome, le pouvoir des impositions. Il promit, lors de la guerre contre les Veiens, de donner une paye aux Citoyens qui s'enrôleroient, &, pour cela, il établit un tribut. Le peuple, uniquement frappé de l'avantage actuel de ne pas servir à ses dépens, fut transporté d'une telle joie, qu'il s'assembla en foule devant la porte du Sénat, & prenant les mains des sénateurs il les appelloit ses peres. *Nihil acceptum unquam a plebe, tanto gaudio traditur; concursum, itaque, ad Curiam esse, prehensatasque exeuntium manus, patres vere appellatos, &c.* Tit. Liv. Lib. IV.

le mouvement général, qu'un homme, au milieu d'une armée qui eſt en marche, n'eſt le maître de ne pas marcher: en attendant, les ſuffrages ſe donnent; une pluralité ſe déclare; on l'appelle la volonté de tous: & elle n'eſt, dans le fonds, que l'effet de la ruſe de quelques ambitieux qui rient en ſecret. (a)

En un mot, ceux qui connoiſſent l'intérieur des Républiques &, en général, la maniére dont les choſes ſe paſſent dans les très grandes aſſemblées, conviendront que le petit nombre qui eſt réuni, qui agit, & qui eſt vu, a un tel avantage vis-à-vis du grand nombre qui a les yeux tournés ſur eux & qui eſt ſans union, que, même avec une adreſſe médiocre, ils ſont toujours les maîtres des réſolutions; que, par une ſuite de la nature même des choſes, il n'eſt pas d'ineptie à laquelle on ne puiſſe faire aſſentir un grand aſſemblage d'hommes; & que des loix ſeroient plus ſages & plus probablement dirigées à l'avantage de tous, d'être faites en jettant au ſort, avec des dez, que par les ſuffrages d'une multitude.

Comment le peuple remédiera-t-il donc aux déſavantages néceſſairement attachés à ſa poſition? Com-

---

(a) Je connois une petite, quoique aſſez célebre République, dans laquelle bien des cauſes ſembloient prévenir les erreurs du peuple; cependant ſes Citoyens avoueront que depuis deux ſiecles, ils n'avoient fait uſage de leur pouvoir légiſlatif que pour ſe trouver, à la fin, dépouillés, preſque ſans reſſource. S'ils ont recouvré, il y a peu d'années, une influence raiſonnable ſur les motions du Gouvernement, ils l'ont fait à l'aide d'un reſte de prérogative, qu'ils ne devoient point à leur prévoyance, mais à la mal-adreſſe de leurs adverſaires: & ce n'a été que comme électeurs qu'ils ont réparé les maux qu'ils s'étoient faits comme légiſlateurs.

ment résistera-t-il à la phalange de ceux qui réunissent les honneurs, les richesses, les dignités, le pouvoir ?

Ce sera en employant, pour la défense, les mêmes moyens dont ils se servent pour l'attaque : c'est en empruntant leurs armes, leur ordonnance, leur discipline.

Ils sont en petit nombre, par conséquent, aisément réunis ; il faut donc leur opposer un petit nombre, pour être aussi réunis. C'est parce qu'ils sont en petit nombre qu'ils déliberent sur tout & ne suivent que des avis mûrement pesés ; c'est parce qu'ils sont en petit nombre qu'ils ont des formes qui leur servent, sans cesse, de point de ralliement, des maximes dont ils ne se départent pas & des plans qu'ils ne perdent jamais de vue : encore une fois donc, opposez-leur un petit nombre, & vous aurez tous ces avantages.

De plus ; ceux qui gouvernent, par une nouvelle suite de ce qu'ils sont peu, ont une part plus considérable, par conséquent un intérêt plus vif, au succès quelconque de leurs entreprises. Faisant profession de mépriser leurs adversaires & étant toujours sur l'offensive, ils s'imposent la nécessité de vaincre. Ils ont à faire, eux qui sont excités par les plus puissans motifs & qui veulent acquérir, à une multitude qui, ne voulant que conserver, a de longs intervalles d'inaction & de sang-froid. Mais en se nommant des Représentans, & en concentrant, ainsi, sa puissance dans un petit nombre d'hommes, le Peuple se donne le ressort qui lui manquoit pour être à l'égalité, & il excite, chez ses défenseurs, des passions qu'il ne sauroit ressentir lui-même.

Chargés exclusivement du dépôt de la liberté publique, les députés du Peuple seront excités par le sentiment de la grandeur des intérêts qui leur ont été confiés. Distingués du reste de la Nation & formant une assemblée particuliére, ils défendront les droits dont ils sont les gardiens, avec toute la chaleur que donne l'esprit de corps. Placés sur un grand théâtre, ils espéreront de s'y distinguer; & la ruse & l'activité de l'ambition, auront en tête la vivacité, la persévérance que donne l'amour de la gloire.

Enfin, les Représentans du Peuple étant naturellement choisis parmi les Citoyens les plus favorisés de la fortune, & ayant, par conséquent, beaucoup à conserver, auront, même dans les tems tranquilles, les yeux ouverts sur les motions du Pouvoir. Leurs avantages les mettant dans le cas d'une comparaison continuelle avec ceux qui gouvernent, la jalousie qu'ils en concevront leur donnera une sensibilité extrême sur toutes les augmentations de leur puissance. Semblables à ces machines qui indiquent les opérations de la nature dans le tems qu'elles sont encore imperceptibles à nos sens, ils feront connoître au Peuple ce qu'il ne voit jamais que trop tard; & leur plus grande proportion des biens, soit réels soit de l'opinion, en feront, si je puis m'exprimer ainsi, les barometres qui découvriront, dans leur principe, toutes tendances à des changemens de Conſtitution. (a)

CHAPITRE XV.

Continuation du même ſujet.

Le Peuple, au reſte, ſent ſi bien la néceſſité de toutes ces choſes, qu'il n'a jamais cru pouvoir remédier par lui-même aux déſavantages de ſa poſition. Toutes les fois que, réveillé par le ſentiment de l'oppreſſion, il a voulu faire uſage de ſa puiſſance, on l'a vu ſe mettre ſous la conduite d'un petit nombre d'hommes, qui l'avoient éclairé & encouragé: & lorsque les circonſtances ont exigé de ſa part une conduite un peu ſoutenue, il n'a réuſſi qu'au moyen de la déférence la plus implicite aux Chefs qu'il s'étoit choiſi.

Mais ces Conducteurs, ainſi choiſis au hazard, étant facilement intimidés par les terreurs du Pouvoir; la confiance illimitée qu'on leur voue ne ſe déclarant jamais que quand le mal eſt extrême, & ne ſe ſoutenant que par un concours extraordinaire de circonſtances, & auquel ceux qui gouvernent ne ſont gueres

(a) Tout ceci ſuppoſe eſſentiellement que les Repréſentans du Peuple ſont unis d'intérêt avec le Peuple. Nous verrons bientôt que c'eſt-là le chef-d'œuvre de la Conſtitution d'Angleterre.

gueres pris qu'une fois, le peuple a presque toujours cherché à profiter des instans de supériorité que les événemens lui avoient donnés, pour rendre durables ces avantages qu'il voyoit être passagers, & pour établir des hommes qui fussent spécialement chargés de sa défense & que la Constitution avouât. C'est ainsi qu'à Lacédémone, le peuple obtint des Ephores; &, à Rome des Tribuns.

Fort bien; mais le Peuple Romain ne permettoit pas à ses Tribuns de *rien conclurre définitivement*; il vouloit *ratifier* lui-même les résolutions qu'ils avoient prises (*a*). Et c'est cela même qui contribua, surtout, à en rendre l'institution vaine. Le peuple voulant mêler son avis à celui de ceux auxquels, dans sa sagesse, il s'étoit promis de s'en rapporter, voulant déclarer, avec cent mille suffrages, ce que ceux de ses Conducteurs eussent déclaré tout de même, détruisoit par-là tout l'effet de ses précautions; &, pour conserver une apparence de Souveraineté, apparence bien chimérique, puisqu'enfin c'étoit sous la direction d'autrui qu'il votoit, il retomboit dans tous les inconvéniens dont nous avons parlé ci-dessus.

Les Sénateurs, les Consuls, les Dictateurs, les grands personnages qu'il avoit la prudence de craindre & la simplicité de croire, continuoient à être mêlés avec lui & à déployer leur savoir-faire; ils le

(*a*) Contrat Social.

haranguoient encore (*a*); ils changeoient encore le lieu des assemblées; prétendant que les Augures n'étoient pas favorables, sous ce prétexte-là ou sous d'autres, ils les dissolvoient ou les dirigeoient (*b*). Et les Tribuns, lorsqu'ils avoient pu parvenir à se réunir, avoient le désespoir de voir échouer, par des ruses misérables, des projets suivis avec les plus grandes peines & même les plus grands périls (*c*).

Lorsque, voyant la partie fortement liée, ils désespéroient de réussir par de tels moyens, ou craignoient de les user en les prodiguant, ils recouroient à d'autres finesses. Ils donnoient au Consul, par le moyen d'une simple formule, un pouvoir absolu sur la vie des Citoyens; ou bien, ils nommoient un Dictateur. Le peuple se consternoit à la vue de la mas-

---

(*a*) Valere Maxime rapporte que les Tribuns ayant voulu proposer des arrangemens au sujet des bleds, dans un tems de disette, Scipion Nasica contint l'Assemblée en leur disant: Silence, Romains. Je sais mieux que vous ce qui convient à la République. *Tacete quæso Quirites. Plus enim ego quam vos, quid Reipublicæ expediat, intelligo. Quâ voce auditâ, omnes pleno venerationis silentio, majorem ejus autoritatis, quam suorum alimentorum, curam egerunt.*

(*b*) *Quid enim majus est? si de jure Augurum quærimus*, dit Cicéron qui étoit lui même Augure & qui plus est Sénateur: *quàm posse à summis imperiis & summis potestatibus, Comitiatus & Concilia, vel instituta dimittere, vel habita rescindere? Quid gravius, quàm rem susceptam dirimi, si unus Augur*, ALIUM (id est, alium diem) *dixerit*? De Legib. Lib. II. § 12.

(*c*) Je ne parle point, au reste, des défauts particuliers à l'institution des Tribuns, comme d'être en si petit nombre, & d'être irrémissiblement arrêtés par le simple *veto* d'un seul. Ces défauts eussent pu être corrigés; & je ne passe en compte aux panégyristes du Gouvernement de Rome, que les défauts qui y étoient essentiellement attachés.

carade d'Etat qu'on lui préſentoit; & les Tribuns, quelque clairvoyans qu'ils fuſſent, trembloient, à leur tour, ſe voyant ſans défenſeurs (*a*).

D'autres fois ils calomnioient les Tribuns devant l'aſſemblée elle-même; ou, les déchirant en ſecret, ils les décréditoient totalement. C'eſt ainſi que le Peuple vit tranquillement maſſacrer Tiberius Gracchus, le ſeul Romain réellement vertueux, le ſeul qui ait aimé véritablement le Peuple. C'eſt ainſi que Caius, que l'exemple de ſon frere n'intimida point, fut, à la fin, tellement abandonné, qu'il ne ſe trouva perſonne qui voulût, même, lui prêter un cheval pour fuir la fureur des Nobles; & qu'il fut obligé de ſe donner la mort à lui-même, en invoquant les Dieux ſur ſes inconſtans Concitoyens.

D'autres fois encore, ils ſuſcitoient des diviſions parmi le peuple: des brigues effroyables ſe déclaroient, tout-à-coup, la veille d'une opération importante; & les gens modérés évitoient des aſſemblées, où ce ne devoit être que tumulte & que confuſion.

Enfin, pour que rien ne manquât à la facilité avec laquelle ils abuſoient les aſſemblées populaires, ils falſifioient les déclarations du nombre des voix: ils allerent même, une fois, juſques à voler les urnes

(*a*) „ Les Tribuns du peuple," dit Tite Live, grand admirateur du pouvoir des Nobles „ & le Peuple lui-même, n'oſoient ni „ lever les yeux ni ſouffler, en préſence d'un Dictateur." *Nec adverſus Dictatoriam vim, aut Tribuni plebis aut ipſa Plebs, attollere oculos aut hiſcere audebant.* Tit. Liv. L. VI. §. 16.

dans lesquelles les Citoyens devoient jetter leurs suffrages (*a*).

Mais lorsque le Peuple a confié son pouvoir à un petit nombre de personnes, les choses prennent, tout de suite, une bien différente tournure. Ceux qui gouvernent, trouvant qu'au lieu de ces Assemblées qu'ils affectent de mépriser & qu'ils ne se lassent point de comparer aux tempêtes & à *l'Euripe* (*b*), avec lesquelles même ils se croient en conséquence dispensés d'être justes, trouvant, dis-je, qu'ils ont à faire à des hommes qui n'ont, vis-à-vis d'eux, qu'une infériorité de convention, ils revêtent, tout de suite, d'autres sentimens, & se gardent bien, sur-tout, de leur parler des poulets sacrés, des livres Sibyllins, & des jours blancs ou noirs. Voyant leurs nouveaux adversaires exiger des égards, cela seul leur en inspire: les voyant agir d'une maniére constante, suivre des regles fixes, en un mot, avoir des *formes*, ils viennent à les considérer, par la même raison que le peuple les respecte eux-mêmes.

(*a*) On peut lire, par rapport à toutes ces choses, ce que dit Plutarque, surtout dans la *Vie* des Gracques. Au reste, je fais grace au Lecteur des assemblées où l'on arma une partie du peuple contre l'autre; je ne lui parle que des tems qui précéderent ou suivirent immédiatement la troisieme guerre Punique, c'est-à-dire, de ce qu'on appelle les beaux tems de la République.

(*b*) Cicéron ne tarit point là-dessus: *Quod enim fretum, quem Euripum, tot motus, tantas, tàm varias habere putatis agitationes fluctuum; quantas perturbationes, & quantos æstus habet ratio Comitiorum.* (Or. pro Muræna.) *Concio*, dit-il encore, *quæ ex imperitissimis constat*, &c. de Amicitia. § 25.

Les Repréſentans du Peuple, d'un autre côté, ne tardent pas à ſe donner tout ce qui peut ſervir à déployer, avec effet, le pouvoir dont ils ſont dépoſitaires, tout ce qui peut faire en ſorte que leurs réſolutions ſoient le réſultat de la réflexion, de la raiſon. C'eſt ainſi que l'on vit les Députés du Peuple Anglois requérir, dès les tems de leur origine, d'être aſſemblés ſéparément: ils obtinrent, enſuite, de ſe nommer un Préſident (*a*); bientôt après ils voulurent être conſultés, ſur la derniére forme des Actes auxquels ils donnoient naiſſance; enfin, ils voulurent les dreſſer eux-mêmes.

Pour prévenir, dans leur intérieur, toute poſſibilité de ſurpriſe, c'eſt une regle que toute propoſition, ou tout bill, doit être lu trois fois, à jours différens & indiqués, avant de recevoir ſa ſanction finale; &, avant chaque lecture du bill, ainſi que lors de ſa premiére introduction, il faut réſoudre expreſſément qu'on doit continuer à s'en occuper: ſi le bill eſt rejetté, dans laquelle que ce ſoit de ces diverſes opérations, il tombe & ne peut plus être préſenté dans cette Seſſion (*b*).

(*a*) Le Préſident de la Chambre des Communes eſt appellé *Speaker*, mot qui ſignifie *Parleur*, & que les Ecrivains François traduiſent improprement par *Orateur*. Ce titre lui a été donné, parce qu'il eſt le député-né de la Chambre. C'eſt lui qui *adreſſe* le Roi, &c. mais il ne prononce point de harangue dans la Chambre, & il n'y a, comme nous l'allons dire, ni opinion ni ſuffrage.

(*b*) C'eſt encore une regle, dans la Chambre des Communes, que perſonne ne parle qu'une fois, le même jour. Lorſque les di-

Les Communes ont été, furtout, jaloufes de la liberté de la parole, dans l'intérieur de leur Affemblée. Elles ont exigé expreffément, comme nous l'avons déjà dit, qu'aucun de leurs procédés ou propos ne pût être jugé ou examiné ailleurs: enfin, pour écarter des délibérations tout motif étranger à la chofe même, elles n'ont laiffé à leur Préfident ni opinion ni fuffrage; elles ont même établi, comme regle, non-feulement que le Roi ne leur pût faire propofer, mais, même, que fon nom ne fût jamais prononcé (*a*).

Mais ce qui décide, fur-tout, en faveur d'une Conftitution où le peuple n'agit que par fes repréfentans, c'eft-à-dire, au moyen d'une affemblée peu nombreufe & où chacun propofe, délibere & difcute, c'eft qu'elle eft la feule qui puiffe avoir l'avantage immenfe, & que je ne fais fi j'ai bien fu faire fentir quand j'en ai parlé ci-devant, de mettre entre les mains du Peuple les refforts moteurs de la Puiffance légiflative.

Dans une Conftitution où le peuple eft appellé à prononcer fur les loix, ce ne font que ceux qui font

---

verfes claufes d'un bill exigent une difcuffion plus libre, on en donne le foin à un *Comité*, qui fait enfuite fon rapport; quand l'objet eft important, le Comité eft formé de toute la Chambre, affemblée dans le même lieu, mais d'une maniére moins folemnelle & fous un autre Préfident. Pour former de nouveau la Chambre, l'on remet la *maffe* fur la table, & *le parleur* reprend fa place.

(*a*) Si quelqu'un parloit, dans fon difcours, de ce que le Roi fouhaite, verroit avec plaifir, &c. il feroit, tout de fuite, *appellé à l'ordre*, comme voulant *influencer le débat*.

vus, par conféquent ceux qui gouvernent, qu'on a le tems, ou même qu'on fe foucie d'écouter; & ils acquiérent, à la fin, ainfi qu'on l'a vu dans toutes les Républiques, le droit exclufif de propofer s'il leur plaît, quand il leur plaît, comme il leur plaît. Prérogative telle, qu'elle mettroit une affemblée formée des plus grands génies, à la merci de deux ou trois fots, & rend abfolument illufoire le pouvoir fi vanté du peuple: mais prérogative, en même tems, qui, fe trouvant dans les mains de fes adverfaires, le force à refter fans ceffe paffif, & lui ôte la feule reffource qu'il pourroit oppofer à leurs attaques.

Pour tout dire en un mot: Une Conftitution *repréfentative* met le remede entre les mains de ceux qui fentent le mal; mais une Conftitution *populaire* met le remede entre les mains de ceux qui caufent le mal, & elle mene néceffairement au malheur, à la calamité politique, de confier les moyens & le foin de réprimer le pouvoir, à ceux qui ont le pouvoir.

CHAPITRE XVI.

Autre désavantage de la République.

MAIS ces assemblées générales d'un peuple que l'on faisoit prononcer sur ce qu'il n'entendoit ni n'examinoit, cette confusion dans laquelle l'ambitieux cachoit ses artifices & alloit sûrement à son but, n'étoit pas le seul mal des anciennes Républiques. Il étoit un vice plus secret, mais frappant plus immédiatement sur le principe, attaché à cette sorte de gouvernement.

Il étoit impossible que le peuple y eût jamais de véritables défenseurs. Ni ceux qu'il avoit expressément choisi, ni ceux qui, favorisés par les circonstances, dirigeoient ses assemblées, car le peuple, encore une fois, n'a du pouvoir que pour le donner ou le laisser prendre, ne lui pouvoient être unis par le sentiment des mêmes intérêts. Leur crédit les mettant, en quelque sorte, à l'égalité avec les dépositaires du pouvoir exécutif, ils pensoient peu à réprimer des vexations dont ils se voyoient à l'abri. Bien plus: ils craignoient de diminuer une puissance qui devoit être un jour la leur, si même ils n'y participoient pas déja.

C'est ainsi que les Tribuns n'eurent jamais de but sérieux & suivi que celui de faire admettre le Peuple, c'est-à-dire, eux-mêmes, à toutes les dignités,

Après avoir obtenu que les Plébeiens fussent admis au Consulat, ils obtinrent que les mariages fussent libres entr'eux & les Patriciens; ils les firent, ensuite, admettre à la Dictature, au Tribunat militaire, à la Censure; en un mot, ils n'employoient le pouvoir du Peuple qu'à augmenter des prérogatives qu'ils appelloient les prérogatives de tous, & dont il n'y avoit, en effet, qu'eux & les leurs qui dussent jouir.

Mais nous ne voyons pas qu'ils aient employé la puissance du Peuple, à des choses véritablement utiles au Peuple. Nous ne voyons pas qu'ils aient limité le pouvoir terrible de ses Magistrats, qu'ils aient jamais réprimé cette classe de Citoyens qui sait faire respecter ses crimes; en un mot, qu'ils aient jamais cherché, d'un côté, à régler, de l'autre, à renforcer le pouvoir judiciaire: précautions sans lesquelles on s'agiteroit jusques à la fin du monde, sans trouver la liberté (*a*).

(*a*) Le pouvoir judiciaire, ce *criterium* sûr d'un Gouvernement, ne fut jamais à Rome qu'un instrument de tyrannie. Les Consuls y exercerent, dans tous les tems, le droit de vie & de mort. Les Dictateurs l'eurent, les Préteurs l'eurent, les Tribuns du Peuple l'eurent, les Commissaires nommés par le Sénat, l'eurent, le Sénat, à plus forte raison, l'eut; & les trois cens soixante & dix déserteurs qu'il fit précipiter, dans une fois, au rapport de Tite Live, du haut du Roc Tarpeien, montrent assez ce qu'il savoit faire. On peut, même, dire qu'à Rome le droit de vie & de mort, ou, plutôt, le droit de tuer, étoit attaché à tout pouvoir, quel qu'il fût, même à celui qui résulte simplement du crédit ou de la richesse; & la seule conséquence du meurtre des Gracques, qui fut suivi de celui de trois cens, & ensuite, de celui de quatre mille Ci-

Enfin, ce qui montre avec combien peu de connoissance, même de l'histoire, on nous fait l'éloge du Gouvernement de l'ancienne Rome, c'est que le Sénat y eut dans tous les tems le pouvoir des impositions; celui de dispenser de l'effet des loix; celui, même, de les abroger (*a*).

En un mot, par une suite de la *communicabilité* du pouvoir, essentiellement attachée à la république, il est impossible qu'il y soit, jamais, soumis à des regles. Ceux qui y sont en état de le réprimer, en

---

toyens désarmés que les *Nobles* assommerent, fut d'engager le Sénat à bâtir un temple à la Concorde. La loi *Porcia de tergo civium*, qu'on a si fort célébrée, n'avoit d'autre effet que d'achever de rassurer contre celle du talion, les Consuls, Préteurs, Questeurs, &c. qui, ainsi que Verrès, faisoient battre de verges & mettre en croix, par fantaisie, les Citoyens obscurs.

Si l'on jette les yeux sur Lacédémone, on verra, par les divers traits de la justice des Ephores, que les choses n'y étoient gueres mieux réglées. Enfin, à Athenes même, qui est la seule des Républiques anciennes où il paroisse qu'il y ait eu de la liberté, on voit les Magistrats procéder, à peu près, comme on fait, aujourd'hui, chez les Turcs: & je n'en donnerai, pour preuve, que l'histoire de ce barbier du Pirée, qui ayant répandu dans la ville la nouvelle de la défaite des Athéniens, qu'il avoit apprise d'un étranger qui s'étoit arrêté devant sa boutique, fut mis à la torture, par ordre des Archontes, parce qu'il ne savoit nommer son auteur. *Plutarque*, *Vie de Nicias*.

(*a*) On voit, fréquemment, les Consuls enlever du Capitole les tables des loix passées sous leur prédécesseur; & ce n'étoit point, comme on est d'abord tenté de le croire, une violence qu'il n'y avoit que le succès qui justifiât: c'étoit une suite du pouvoir exprès qu'avoit le Sénat, *cujus erat gravissimum judicium de jure legum*, ainsi qu'on peut le voir par plusieurs endroits de Cicéron. Les Augures eux-mêmes, dit encore Cicéron, avoient ce droit. *Legem, si non jure rogata est, tollere possunt; ut Titiam, decreto collegii; ut Livias, consilio Philippi Consulis & Auguris.* De Legib. Lib. II. §. 12.

deviennent, par-là-même, les défenseurs. Elevés, si l'on veut, de l'état le plus humble & qui sembloit le plus rassurer sur leurs vues, ils ne sont pas plutôt arrivés à un certain point, qu'ils les portent au-delà. Ils ne cherchoient, précédemment, qu'à voir observer les loix; ils ne pensent, aujourd'hui, qu'à s'en affranchir; & se voyant arrivés au niveau d'une société qui dispose de tout & jouit de tout, ils ne songent plus qu'à s'y aggréger.

Le peuple se voit, dans de tels Etats, dans l'inévitable nécessité d'être trahi. Corrompant, pour ainsi dire, tout ce qu'il touche, il ne distingue un homme que pour attaquer sa vertu: il ne l'éleve que pour le perdre, & conséquemment s'affoiblir lui-même. Que dis-je! il lui donne des intérêts entiérement opposés aux siens, & l'envoie grossir le nombre de ses ennemis.

Ainsi, à Rome, lorsque la foible barriére qui fermoit au peuple le chemin aux dignités & au pouvoir, eut été renversée, celles des familles plébeiennes que les suffrages du Peuple commencerent à y porter, formerent, avec les anciennes familles patriciennes, une ligue qui n'étant composée d'aucune classe particuliére d'hommes, mais de tous ceux qui étoient assez puissans pour s'y maintenir ou s'y faire admettre, on ne vit plus, dans la République, qu'une tête qui, composée de tout ce qu'il y avoit d'accrédité & de riche, & disposant à son gré des loix & de la puissance du peuple, ne garda plus ni modération ni mesure (*a*).

(*a*) Ce fut, quoiqu'en disent ceux qui ont écrit sur ce sujet, un grand malheur pour le Peuple Romain, que l'abolition du Patriciat.

Toute Conſtitution qui n'aura pas égard à ces choſes, ſera donc une Conſtitution eſſentiellement imparfaite. C'eſt dans l'homme que ſont les maux dont on a à ſe défendre: ce n'eſt donc que par des précautions générales, qu'on peut ſe flatter de les prévenir. Si c'eſt une erreur funeſte de n'attendre que juſtice & qu'équité de ceux qui gouvernent; c'en eſt une, qui ne l'eſt pas moins, de s'imaginer que, tandis que la vertu, la modération, ſont le propre de ceux qui s'oppoſent aux abus du Pouvoir, toute l'ambition, tout le déſir de dominer ſe ſont retirés dans l'autre parti.

Quoique l'homme ſage, entraîné par le pouvoir des noms & la chaleur des contentions politiques, puiſſe quelquefois perdre de vue le but, il ne ſait pas moins, que ce n'eſt pas contre les *Appius*, les *Coruncanius*, les *Cethegus*, mais contre tous ceux qui peuvent faire taire ou parler les loix, qu'il faut diriger ſes précautions: que ce n'eſt pas le Conſul, le Préteur, l'Archonte, le Miniſtre, le Roi, qu'il faut craindre; mais ceux qui, par quelque voie que ce ſoit, & avec quelque nom que ce ſoit, ſe ſont donnés les moyens de tourner contre chacun la force de tous; & ont tellement arrangé les choſes, autour d'eux, que quiconque veut leur réſiſter, ſe trouve toujours ſeul contre mille.

CHAPITRE XVII.

Avantages d'un Chef Unique.

COMMENT la Conſtitution de l'Angleterre a-t-elle donc remédié à des maux qui, du premier coup d'œil, ſemblent réellement irrémédiables ? Comment a-t-elle obligé ceux, en faveur deſquels le Peuple s'eſt dépouillé, à une reconnoiſſance efficace & perſévérante ? ceux qui ont une puiſſance particuliére, à ne penſer qu'à l'avantage de tous ? ceux qui font les loix, à n'en faire que de juſtes ? C'eſt en les y ſoumettant eux-mêmes, & en leur en ôtant, pour cela, l'exécution.

Le Parlement peut établir le nombre de troupes réglées qu'il lui plaît ; mais, tout de ſuite, un autre Pouvoir ſe préſente, qui en prend le commandement, qui en remplit tous les poſtes, & qui les fait mouvoir à ſon gré. Il peut établir des impôts ; mais, tout de ſuite, un autre Pouvoir s'empare du produit, & a ſeul l'avantage & la gloire de la diſtribution. Il peut, ſi l'on veut, annuller *l'Habeas Corpus ;* mais ce ne ſont pas les fantaiſies & les caprices de ſes membres, ce ſont les caprices & les fantaiſies d'un autre homme, qu'il aura ſatisfaits, lorſqu'il aura abattu les colonnes de la Liberté.

Et, il ne ſuffiſoit pas d'ôter aux Légiſlateurs l'exécution des loix, par conſéquent, l'exemption, qui en est la suite immédiate; il falloit, encore, leur ôter ce qui eût produit les mêmes effets, l'espoir de jamais se l'attribuer.

Pour cela la Constitution a fait de cette exécution une prérogative unique, indivisible, & elle a réuni, autour d'elle, toutes les forces actives de l'Etat.

Pour en assurer toujours plus le dépôt, elle a donné à celui à qui elle l'a confié, toute la puissance qui peut résulter de l'opinion; elle lui a donné, surtout, la distribution & la conservation des graces, & elle a intéressé l'ambition, elle-même, à le maintenir.

Elle lui a donné une part dans le Pouvoir législatif; portion passive, à la vérité, & la seule qui puisse lui être assignée; mais, au moyen de laquelle, il détourne les coups qu'on voudroit lui porter.

Enfin, il est la seule Puissance existante par soi-même, & indépendante. Le Général, le Ministre, l'Homme en place, ne sont tels que par la continuation de son bon plaisir: il se délivreroit du Parlement lui-même, si, jamais, il lui voyoit prendre trop de consistance; & il n'a besoin que d'un mot, pour anéantir toute puissance, quelle qu'elle fût, qui pourroit le mettre en danger: Prérogatives redoutables! mais sur lesquelles on se rassure, lorsqu'on pense, d'un côté, aux grands Droits par lesquels elles ont été contre-balancées; &, de l'autre, qu'elles défendent un dépôt auquel le falut de l'Etat eft attaché (*a*).

Tel eft donc l'effet de la féparation, de l'inaliénabilité, de la puiffance d'exécution, que ceux qui font les loix en reffentent, les premiers, les effets. Ils peuvent augmenter le pouvoir, mais ils ne fauroient s'en revêtir: ils ne peuvent pas le faire mouvoir, ils ne peuvent que lui délier les bras. Ils tiennent leur importance, leur exiftence même, du befoin qu'il a d'eux; & ils n'auroient complété leur œuvre, j'entends, la feule qui leur foit poffible, que pour fe voir diffous, rejettés, comme des inftrumens déformais fans valeur & fans vertu.

Le *pouvoir*, cette poffeffion qui n'intéreffe jamais que le petit nombre, n'eft donc en Angleterre, qu'une poffeffion incertaine, précaire & qui peut à chaque inftant s'envoler. La feule à laquelle on y puiffe s'affectionner, eft celle qui eft inhérente à la perfonne, qui ne dépend ni du caprice, ni de la fortune, & qu'on fait de tranfmettre à fes enfans, c'eft-à-dire, celle de la liberté, c'eft-à-dire encore, celle qui importe à tous (*b*).

En élevant un Trône au milieu de l'Etat, on a réduit au néant, tous ceux qui pourroient efpérer

---

(*a*) Les malheurs du regne de Charles premier, n'arriverent que parce qu'il perdit la tête, & renonça au pouvoir de diffoudre fon Parlement.

(*b*) Le pouvoir des Députés du Peuple n'eft pas même incertain; il doit finir à l'expiration d'un terme fixe. Nous en parlerons enfuite.

de faire parler, ou de maîtriser les loix. L'Homme d'entre le Peuple, le Député du Peuple, le Pair, ayant, sans cesse, le coup d'œil d'une Puissance formidable, d'une Puissance à laquelle ils ne peuvent opposer que la sauvegarde des loix, & qui leur retalieroit, au centuple, leurs plus légeres violations, sont forcés, & de ne désirer que de bonnes loix, & de les observer jusques au scrupule.

Que le Peuple craigne donc, il le faut, pour sa liberté, mais qu'il ne cesse jamais entiérement d'aimer ce Trône, dépôt unique des forces actives de l'Etat.

Qu'il sache que c'est lui, qui prêtant une force immense au bras de la Justice, la met en état d'amener en compte le foible comme le puissant transgresseur; qui a supprimé, sarclé, si je puis m'exprimer ainsi, toutes ces tyrannies, tantôt liguées, tantôt rivales, qui tendent, sans cesse, à germer du sein des sociétés, & qui sont d'autant plus terribles, qu'elles sont moins assurées.

Qu'il sache que c'est lui, qui faisant dépendre les graces de la volonté d'un seul, a réduit dans une enceinte privée, ces projets dont la poursuite ébranloit autrefois les Etats; a changé en intrigues les conflits, les fureurs de l'ambition; & que ce spectacle qui ne fait que l'amuser aujourd'hui, sont les Volcans qui embrasoient les anciennes Républiques.

Que c'est lui, qui ne laissant voir au riche d'autre sûreté pour son Palais que celle que le cultivateur a lui-même pour son héritage, a réuni sa

cause

cause à la sienne; celle du puissant à celle du foible; celle du citoyen accrédité à celle de celui qui est inconnu.

C'est le Trône, surtout, c'est cette Puissance jalouse, qui l'assure que ses Représentans ne seront jamais que ses Représentans; & elle est la Carthage toujours subsistante, qui lui répond de leur vertu (*a*).

CHAPITRE XVIII.

Pouvoirs que le Peuple exerce lui-même. Election des Membres du Parlement.

LA Constitution de l'Angleterre, ayant lié le sort de ceux à qui le peuple confie sa puissance, à celui du peuple lui-même, semble, par cette seule précaution, avoir tout fait pour sa sûreté.

Cependant, comme la suite des événemens peut, avec le tems, réaliser les choses qui avoient paru, dans l'origine, les plus improbables, il seroit possible que les Ministres du Pouvoir exécutif, malgré même la grandeur des précautions spécialement prises, pour empêcher leur influence, employassent, en-

(*a*) On peut comparer un dépositaire unique de la puissance d'exécution, dans un Etat libre, à une cheville à laquelle aboutiroient toutes les cordes d'un instrument de musique. C'est par sa résistance qu'elle produit la tension, par conséquent, l'harmonie; &, à l'instant qu'elle lâche, tout se jette en confusion.

fin, de tels moyens, qu'ils opéraſſent le ſacrifice de quelques-unes des loix qui aſſurent la liberté.

Lors même que ce danger ſeroit réellement chimérique, il ſe pourroit, du moins, que connivant à une adminiſtration vicieuſe, & diſpenſateurs faciles du produit des travaux du peuple, les Repréſentans du peuple lui fiſſent éprouver pluſieurs des maux d'un mauvais gouvernement.

Enfin, comme leur devoir n'eſt pas, ſeulement, de le préſerver des calamités d'un pouvoir arbitraire, mais, de plus, de lui procurer la meilleure adminiſtration poſſible, il ſe pourroit, encore, qu'ils montraſſent, à cet égard, une tiédeur qui équivaudroit à des maux réels.

Il falloit donc que la Conſtitution eût auſſi préparé le remede à toutes ces choſes: or, c'eſt dans le droit d'élection qu'il ſe trouve.

Lorſque le tems eſt venu où la Commiſſion que le Peuple avoit donnée, expire, il ſe raſſemble dans les différentes Villes ou Comtés; il réélit ceux de ſes Repréſentans dont il approuve la conduite, & il rejette ceux qu'il ſait avoir donné lieu à ſes plaintes. Remede ſimple, & qui, ne ſuppoſant que la connoiſſance de choſes de fait, eſt entiérement à la portée du peuple: mais remede, en même tems, le plus efficace de tous; car le mal dont on ſe plaint ne vénant point d'un vice du Gouvernement, mais des diſpoſitions particuliéres d'un certain nombre de perſonnes; exclure ces perſonnes, c'eſt arracher juſqu'à la racine.

Mais je m'apperçois que pour faire sentir les avantages que le Peuple Anglois peut retirer du droit d'*Election*, & des moyens qu'il a de la mettre en œuvre, il est un autre de ses droits dont il faut absolument que je parle.

CHAPITRE XIX.

Continuation du même Sujet. Liberté de la Presse.

LES maux d'un Etat ne venant pas seulement du défaut de ses loix, mais, encore, de leur inexécution, & d'une inexécution qui est souvent telle qu'il est impossible de la soumettre à des peines ou, même, à des qualifications déterminées, on a imaginé, dans plusieurs Etats, un moyen qui pût suppléer à l'imperfection des Législations, & commencer où elles finissent; je veux parler de la Censure: Pouvoir dont les effets peuvent être très grands; mais dont l'exercice, à la différence du pouvoir législatif, doit être laissé au Peuple.

Le but de la Législation n'étant point, comme on l'a vu, de rechercher & d'exécuter les volontés particulières de chaque Citoyen; mais uniquement de découvrir & de déclarer ce qui est l'intérêt général dans des circonstances données, il n'est point de l'essence de la chose que chacun soit consulté là-dessus; &, dès que ce moyen, qui paroît d'abord si naturel, de rechercher par l'avis de tous, ce qui convient à tous, se trouve sujet, dans la pratique, aux plus grands inconvéniens, il ne faut pas hésiter à l'abandonner. Mais l'opinion générale formant seule le ressort du pouvoir Censorial, on ne sauroit atteindre le but qu'en faisant que cette opinion même soit déclarée ; c'est uniquement d'elle qu'il doit être question ; & il faut, par conséquent, que ce soit le peuple lui-même qui parle & la manifeste. Un tribunal particulier de Censure manque donc essentiellement son but : il a, de plus, de très grands inconvéniens.

N'étant établi que pour prononcer sur des cas qui sont hors de la regle, il ne peut être soumis à aucune regle. Par la nature, d'ailleurs, de la chose, il ne sauroit avoir de contre-poids constitutionel, & il présente le spectacle d'un pouvoir entiérement arbitraire, & qui, dans ses diverses exertions, peut réduire les Citoyens au désespoir. Il produit, encore, le très grand mal, en dictant les jugemens du peuple, de lui ôter cette liberté de penser qui est le plus beau privilege, en même tems, que le soutien de la liberté proprement dite.

On peut donc compter comme un nouvel & très grand avantage des loix d'Angleterre, la liberté qu'elles laissent au Peuple d'examiner la conduite du Gouvernement. Non-seulement elles assurent à chaque particulier le droit de présenter des pétitions, soit au Roi, soit aux deux Chambres : elles lui donnent, encore, celui de porter ses plaintes & ses obſervations quelconques au Tribunal du Public, par la voie de l'impreſſion. Droit redoutable à ceux qui gouvernent & qui, diſſipant ſans ceſſe le nuage de majeſté dans lequel ils s'enveloppent, les ramene au niveau des autres hommes & frappe ſur le principe même de leur autorité.

Auſſi, n'a ce été que le dernier de tous, que ce privilege a été obtenu du Pouvoir exécutif. La liberté, à tous autres égards, étoit déja aſſurée, que les Anglois étoient encore, pour l'expreſſion publique de leurs ſentimens, ſous un joug, pour ainſi dire, deſpotique. L'Hiſtoire eſt remplie des ſévérités de la Chambre étoilée, contre ceux qui oſoient écrire en matiére de Gouvernement: elle avoit réglé le nombre des imprimeurs & des preſſes, & établi un *Licenſeur*, ſans l'approbation duquel rien ne pouvoit être mis au jour. Ce Tribunal, ne connoiſſant d'ailleurs point, dans ſa procédure, *l'Epreuve par des Jurés*, trouvoit coupables tous ceux qu'il plaiſoit à la Cour de regarder comme tels; & ce n'eſt pas ſans raiſon que Coke, dont les idées de liberté étoient encore teintes des préjugés du tems où il vivoit, dit, après avoir fait l'éloge de ce Tribunal, que, quand les regles en ſont obſervées, il tient toute l'Angleterre en repos (*a*).

(*a*) This Court, the right inſtitution & antient orders thereof being obſerved, doth keep all England in quiet. *Inſt.* 4. *Court of Star Chamber.*

Lorſque la Chambre étoilée eut été abolie, le *Long* Parlement, dont l'autorité ne redoutoit pas moins l'examen, fit revivre les ordonnances contre la liberté de la preſſe. Charles ſecond, & après lui, Jaques ſecond, en obtinrent encore le renouvellement: l'Acte expirant, en 1692, fut à cette époque, quoique poſtérieure à la Révolution, continué pour deux années; & ce ne fut qu'en 1694, que, le Parlement ayant refuſé de le continuer encore, la liberté de la preſſe, ce privilege dont l'Autorité ſembloit ne pouvoir ſe réſoudre à ſe déſaiſir, fut finalement établie.

Mais en quoi conſiſte donc préciſément cette liberté? Seroit-elle la liberté laiſſée à chacun d'imprimer tout ce qui lui vient dans la tête; de calomnier, de noircir qui bon lui ſemble? Non, les mêmes loix qui protegent la perſonne & la propriété du Citoyen, ont encore pourvu à ſa réputation, & elles décernent contre les libelles, proprement dits, à peu près les mêmes peines décernées partout. Mais d'un autre côté, elles n'ont pas voulu ainſi qu'il eſt en uſage dans d'autres Etats, qu'un homme fût tenu pour coupable, par cela ſeul qu'il imprime; & elles ne prononcent de peine que contre celui qui a réellement imprimé des choſes criminelles, & qui eſt déclaré coupable par douze de ſes pairs, choiſis avec les précautions que nous avons indiquées précédemment.

La liberté de la preſſe, comme elle a lieu en Angleterre, conſiſte donc, pour la définir plus particuliérement, en ce que les Tribunaux, ou Juges quelconques, ne peuvent prendre connoissance qu'après coup, des choses qu'on imprime, & ne peuvent procéder, en ce cas, qu'en employant *l'Epreuve par des Jurés*.

C'est, même, cette derniére circonstance qui constitue, surtout, la liberté de la presse. Si le Magistrat, quoique restreint à n'agir que sur des Ecrits déjà publiés, étoit le Maître de ses décisions, il se pourroit que, sur un article qui, comme celui-là, excite si particuliérement la jalousie du pouvoir, il soutint tellement ses efforts, qu'il parvint à couper, à la fin, toutes les têtes de l'hydre. Mais, que le Juge soit mis en mouvement par un particulier, ou qu'il le soit par le Gouvernement lui-même, son unique fonction est de prononcer la peine: c'est aux Jurés à décider & le point de droit & le point de fait; c'est-à-dire, à déclarer si un tel Ecrit a été réellement composé ou publié par un tel; si c'est bien contre un tel qu'il s'adresse; & si ce qu'il contient est criminel.

Et quoique la loi ne permette pas, en Angleterre, qu'un homme accusé d'avoir écrit un libelle, fasse la preuve des faits qu'il a avancés, chose qui auroit les plus fâcheuses conséquences & qui est proscrite partout; d'un autre côté, *l'indictment* devant porter que les faits sont *faux*, *malicieux*, &c. & les Jurés étant absolument les maîtres de leur *Verdict*, c'est-à-dire, étant les maîtres de faire entrer dans la formation de leur opinion, tout ce dont ils peuvent avoir connoiſſance, il n'eſt pas douteux qu'ils abſoudroient, dans le cas où les faits avancés ſeroient d'une évidence reconnue.

Mais cela ſeroit ſurtout vrai, s'il étoit queſtion du Gouvernement; parce qu'ils joindroient à cette connoiſſance le ſentiment d'un principe généralement répandu en Angleterre, & qui a été derniérement expoſé avec force aux Jurés, dans une cauſe aſſez célebre: „ que, quoique parler mal des particuliers „ puiſſe être une choſe blâmable, cependant les actes „ publics du Gouvernement doivent être ſoumis à „ un examen public, & c'eſt rendre ſervice à ſes „ concitoyens que de s'en exprimer librement."

Auſſi cette extrême ſûreté avec laquelle chacun peut communiquer ſes idées au Public, & le grand intérêt que chacun prend, en Angleterre, à tout ce qui tient au Gouvernement, y a-t-elle extraordinairement multiplié toutes les eſpeces de papiers publics. Indépendamment de ceux qui ſe publiant au bout de l'année, du mois, ou de la ſemaine, font la récapitulation de tout ce qui s'eſt fait ou dit d'intéreſſant dans leurs différens périodes, il en eſt pluſieurs qui, paroiſſant journellement ou de deux jours l'un, annoncent au Public les opérations du Gouvernement, ainſi que les diverſes cauſes importantes, ſoit au civil ſoit au criminel, avec les divers traits des plaidoyers réciproques. Dans le tems de la Seſſion du Parlement les *votes*, ou réſolutions journaliéres de la Chambre des Communes, font publiés avec autorité; & les diſcours les plus intéreſſans, prononcés dans les deux Chambres, ſont recueillis en *notes*, & pareillement communiqués au Public, par la voie de l'impreſſion.

Enfin, il n'y a pas juſques aux anecdotes particuliéres de la Capitale & des Provinces qui ne viennent encore groſſir le volume; & les divers papiers circulans & ſe réimprimant dans les différentes Villes, ſe diſtribuant même dans les campagnes (*a*), où tout, juſques au laboureur, les lit avec empreſſement, chaque particulier ſe voit tous les jours inſtruit de l'état de la Nation, d'une extrémité à l'autre; & la communication eſt telle que les trois Royaumes ſemblent ne faire qu'une ſeule Ville.

Et c'eſt dans cette publicité même de toutes choſes, qu'eſt ce pouvoir, que nous avons dit être ſi néceſſaire pour ſuppléer à l'imperfection inévitable des loix, & qui contient dans leurs bornes ceux qui ont une portion quelconque de l'autorité. Convaincus que toutes leurs actions ſont expoſées au grand jour, ils n'oſent ſe hazarder à ces acceptions de perſonnes, à ces connivences obſcures, à ces vexations de détail, que l'homme en place ſe permet, lorſqu'exerçant ſon office, dérobé aux yeux du Public, & pour ainſi dire, en un coin, il ſait que, s'il eſt prudent, il peut ſe diſpenſer d'être juſte. Quel que ſoit l'abus qu'ils ſeroient tentés de ſe permettre, ils ſavent qu'il ſera incontinent divulgué: le Juré ſait,

(*a*) Le *Middleſex Journal*, par exemple, & le *Public Advertiſer*, ſont des meubles eſſentiels à toute Maiſon à biére.

par exemple, que son *verdict*, le Juge, que sa *direction* vont être communiqués au Public ; & il n'est point d'homme en fonction qui ne se voie, à chaque fois, obligé d'opter entre son devoir, & le sacrifice de toute sa réputation d'intégrité.

Qu'on ne croie pas, au reste, que je parle avec trop de magnificence de cet effet des papiers publics. Je sais fort bien que toutes les piéces qu'ils renferment ne sont pas des modeles de logique ou de bonne plaisanterie : mais, d'un autre côté, il n'arrive jamais qu'un objet intéressant véritablement les loix, ou en général le bien de l'Etat, manque de réveiller quelque plume habile qui, sous une forme, ou sous une autre, communique ses observations & ses plaintes. J'ajouterai, que, quoique l'homme irréprochable, victime pour un tems d'un préjugé malheureux, puisse, soutenu du sentiment de son intégrité, négliger des imputations, même, graves, l'homme prévaricateur, n'entendant que ce qu'il se dit déja à lui-même, est bien éloigné d'avoir le même avantage ; & qu'à qui a déja sa conscience contre soi, le trait le plus méprisable suffit pour le percer de part en part (*a*).

(*a*) Je prendrai ici occasion d'observer que, bien loin que la liberté de la presse soit une chose fatale à la réputation des Particuliers, elle en est le plus sûr rempart. Lorsqu'il n'existe aucun moyen de communication avec le Public, chacun est exposé, sans défense, aux coups secrets de la malignité, de l'envie. L'Homme en place perd son honneur, le Négociant son crédit, le particulier sa réputation de probité, sans connoître ni ses ennemis, ni leur

Ceux-mêmes qui, par leur grandeur, femblent le plus au-deſſus de la cenſure du Public, ne ſont pas ceux qui en reſſentent le moins les effets. Ils ont beſoin des ſuffrages de ce vulgaire qu'ils affectent de mépriſer, & qui eſt, dans le fond, le diſpenſateur de cette gloire, objet de leurs ſoins ambitieux. Quoiqu'ils n'aient pas tous la bonne foi d'Alexandre, ils ne ſont pas moins dans le cas de dire: *ô Peuples! que ne faiſons-nous pas pour nous procurer vos louanges.*

J'avoue que dans un Etat où le peuple n'oſe s'exprimer que pour dire des choſes agréables; ſoit le Prince, ſoit ceux auxquels il a confié ſon autorité, peuvent quelquefois ſe méprendre ſur les ſentimens publics; ou qu'à défaut de cet amour dont on leur refuſe les témoignages, ils ſavent ſe borner à inſpirer la terreur, & trouver, du moins, leur ſatisfaction à voir la multitude conſternée retenir ſes plaintes.

Mais lorſque les loix donnent un libre cours à l'expreſſion des ſentimens du Public, ceux qui gouvernent ne peuvent ſe diſſimuler les vérités déſagréables qui retentiſſent de toutes parts. Ils ſont obligés d'eſſuyer, même, la plaiſanterie; & ce n'eſt pas, toujours, la plus mauvaiſe qui les afflige le moins. Ainſi que le lion de la fable, ils reçoivent les coups

---

marche : mais lorſqu'il exiſte une preſſe libre, l'homme innocent met, tout de ſuite, les choſes au grand jour, & écraſe tous ſes accuſateurs à la fois, par une ſommation publique.

des ennemis qu'ils méprisent le plus; & ils sont, à la fin, arrêtés court, & obligés de renoncer à des projets d'injustice, dont les soins, après tout considérables, ne leur attirent, au lieu de cette admiration qui est leur salaire & leur but, que mortification & que dégoût.

En un mot, quelqu'un qui réfléchira sur ce qui fait le mobile de ce qu'on appelle les grandes affaires, & sur la sensibilité insurmontable de l'homme à la façon de penser de ses semblables, ne balancera pas à affirmer que, s'il étoit possible que la liberté de la presse existât dans un Gouvernement despotique, &, ce qui ne seroit pas moins difficile, qu'elle y existât, sans changer la Constitution, elle y formeroit, seule, un contrepoids au pouvoir du Prince. Que si, par exemple, dans un Empire d'Orient, il se trouvoit un sanctuaire qui, rendu respectable par l'ancienne religion des peuples, procurât la sûreté à ceux qui y porteroient leurs observations quelconques; que, delà, sortissent des imprimés que l'apposition d'un certain sceau fit pareillement respecter, & qui, dans leurs apparitions journaliéres, examinassent & qualifiassent librement, la conduite des Cadis, des Bachas, des Vizirs, du Divan & du Sultan lui-même, cela y introduiroit, tout de suite, de la liberté.

CHAPITRE XX.

Continuation du même Sujet.

Un autre effet très considérable de la liberté de la presse, c'est qu'il met le Peuple en état de déployer les moyens réels que la Constitution lui a donnés, d'influer sur le Gouvernement.

Nous avons vu, précédemment, l'impossibilité où étoit un grand nombre d'hommes, appellés à se décider en corps & sur le champ, de prendre un parti réfléchi. Mais cet inconvénient, suite inévitable de leur position, ne prouve point une infériorité personnelle, vis-à-vis de ceux que quelques avantages particuliers mettent en état de les diriger. Ce n'est pas la fortune, c'est la Nature qui a mis entre les hommes les différences essentielles; &, quelque qualification que puisse donner à l'assemblage de leurs semblables, un petit nombre de personnes sans réflexion, il n'est souvent entre l'homme d'État & tel homme de ce qu'ils appellent la lie du peuple, qu'une enveloppe qui, quoique grossiére, n'a besoin, pour disparoître, que d'une occasion; & ce n'est pas une seule fois qu'on a vu, du sein d'une multitude, en apparence méprisable, sortir, tout-à-coup, des Viriathus, des Spartacus.

Ce ne sont donc, encore une fois, que les circonstances & le tems qui manquent au Peuple; & la liberté de la presse vient remédier à ce désavantage. Par son moyen, chacun peut, à loisir & en silence, s'instruire de tout ce qui tient aux questions sur lesquelles il doit se déterminer. Par son moyen, une Nation tient conseil & délibere, lentement à la vérité, car une Nation ne s'instruit pas comme une assemblée de Juges, mais sûrement & dans la meilleure forme. Par son moyen, tous les faits sont à la fin éclaircis, &, par le choc des diverses réponses & repliques, il ne reste que les argumens solides.

Aussi, quoiqu'il soit très permis de ne pas déférer implicitement aux résolutions tumultuaires d'un peuple que des Orateurs agitent; d'un autre côté, lorsque ce peuple, laissé à lui-même, persévere dans des opinions que des écrits publics ont long-tems discutées & dont ils ont surtout écarté toute erreur de fait, cette persévérance me paroît une décision extrêmement respectable; & c'est alors, quoique seulement alors, qu'on peut dire: la voix du Peuple est la voix de Dieu.

Comment donc le peuple Anglois peut-il agir, lorsqu'ayant une opinion véritablement à lui, il forme des plaintes contre l'Administration? C'est, comme nous l'avons vu, par l'élection de ses Députés: & le même moyen de communication qui l'a éclairé sur les choses dont il se plaint, le met aussi en état d'y appliquer le remede.

Il sait, par ce moyen, quels avis ont été ouverts, par qui ils l'ont été, qui les a soutenus: il sait les raisons qui ont été alléguées, & par la maniére dont les suffrages se donnent (*a*), il n'ignore aucun de ceux qui votent constamment pour soutenir certaines mesures.

Et, non-seulement le Peuple connoît les dispositions de chacun des membres de la Chambre des Communes; mais la publicité de toutes choses lui fait connoître, de plus, les sentimens politiques du très grand nombre de ceux que leur position rend propres à y avoir place. Et profitant, soit des occasions de vacance, que diverses causes rendent assez fréquentes; soit, sur-tout, de celle de l'élection générale (*b*), il purifie successivement, ou tout à coup, l'assemblée législative; &, sans changer le gouvernement, il en réforme le principe.

Quelques personnes douteront, je le sais, de ces vues patriotiques & suivies que je prête au Peuple Anglois, & m'objecteront le désordre de certaines élections. Mais ce reproche qui, pour le dire en passant, ne convient gueres dans la bouche de ceux qui voudroient que le peuple fît tout par lui-même; ce reproche, dis-je, quoique fondé jusques à un certain point, ne l'est pas autant que le croient ceux qui n'ont jetté qu'un coup d'œil momentané sur l'état des choses.

Sans doute, dans une Constitution où les grands sujets de crainte sont si efficacement prévenus, il est

---

(*a*) Ils se donnent à haute voix dans chaque Chambre. Les Pairs disent *content* ou *non content*, & les Communes *oui* ou *non*.

(*b*) Elle a lieu toutes les sept années; au bout de ce terme, le Roi doit dissoudre le Parlement. St. 1, *Geo.* I. f. 2. *c.* 38.

impossible que le peuple n'ait de grands intervalles d'inattention. Appellé, alors, tout-à-coup, à se nommer des représentans, il n'a point examiné à l'avance ceux qui lui demandent son suffrage; & ceux-ci n'ont point eu, dans la tranquillité publique, d'occasion de se distinguer.

L'électeur convaincu, d'un autre côté, que celui qu'il choisira, aura autant d'intérêt que lui-même au maintien de la liberté, n'entre point dans des recherches difficiles, & dont il voit qu'il peut se dispenser. Obligé, cependant, de donner la préférence à quelqu'un, il se décide par des motifs qui ne sont excusables que parce qu'il faut des motifs pour se décider, & que, dans ce moment, il n'en a pas d'autres; & j'avoue que, dans le cours tranquille des choses, & auprès d'électeurs d'un certain état, celui des candidats qui donne la plus belle fête, risque d'avoir beaucoup d'avantage.

Mais lorsque, d'un côté, les démarches du Gouvernement; & de l'autre, la connivence d'une majorité dans la Chambre des Communes, viendroient à donner une allarme sérieuse à la Nation, on verroit alors se déployer, pour le maintien de la liberté, les causes qui ont concouru à l'établir. Il se formeroit une combinaison générale, & des membres actuels du Parlement qui sont restés fideles à la cause publique, & des personnes de toute condition d'entre le peuple. Des conférences, en pareil cas, s'établissent, des souscriptions même s'ouvrent pour soutenir les fraix quelconques d'une opposition; &

les

les motifs petits & particuliers étant réduits au silence, les sentimens professés, & même réduits en action d'amour de la liberté, deviennent les seuls titres qui décident des élections.

C'est ainsi que se formerent les Parlemens qui supprimerent les impositions & emprisonnemens arbitraires, & la Chambre étoilée. C'est ainsi que, sous Charles second, le peuple, revenu de la sorte d'enthousiasme avec lequel il reçut un Roi si longtems persécuté, ne lui donna, enfin, que des Parlemens composés d'une majorité d'hommes attachés à la cause publique. C'est ainsi que, persévérant dans une conduite que les circonstances rendoient nécessaire, le peuple éluda les ruses du Gouvernement; & Charles ne se porta à dissoudre trois Parlemens consécutifs, que pour se retrouver, sans cesse, en tête, les mêmes hommes qu'il croyoit congédier.

C'est encore ainsi que Jaques, à qui des promesses qu'il étoit bien résolu de ne pas tenir, procurerent d'abord toute la faveur du Peuple, n'eut, enfin, à faire qu'à des Parlemens patriotiques que le Peuple soutenoit opiniâtrément; & ayant voulu, lui-même, s'obstiner à son tour, il termina son regne par la catastrophe que chacun sait.

En un mot, ceux qui réfléchirent que la Constitution a tellement arrangé les choses, que la cause générale se trouve être celle de la liberté, & qu'il n'y a que des causes d'accident qui puissent engager des membres de la Chambre des Communes à favoriser des mesures qui y soient contraires, que le Peuple n'a, par conféquent, qu'à en changer les membres pour la réformer, & qu'un Parlement compofé d'hommes nouveaux eft, prefque à coup fûr, un Parlement populaire, feront fi frappés de l'efficace du droit d'*Election*, qu'ils conviendront que le Peuple eft le maître final des refforts du Gouvernement.

Et, quoique fes plaintes n'aient pas toujours un effet prompt & immédiat, promptitude qui feroit le fymptôme d'une mobilité funefte dans les parties de la Conftitution, & en ameneroit tôt ou tard la ruine; d'un autre côté, lorfqu'on examinera attentivement le jeu & les reffources de ces mêmes parties, on ne trouvera point que ce foit une affertion trop hardie de dire, qu'il eft impoffible que des griefs dans lefquels le Peuple perfévere, c'eft-à-dire encore une fois, des griefs fondés, ne foient tôt ou tard redreffés.

CHAPITRE XXI.

Droit de Réfiftance.

MAIS toutes ces prérogatives du Peuple, prifes en elles-mêmes, ne font que de foibles armes contre les forces réelles de ceux qui gouvernent. Toutes ces précautions, tous ces Droits réciproques, fuppofent, effentiellement, que les chofes reftent dans le cours légal & prévu. Quelle feroit donc la ressource du Peuple, dans le cas où le Prince, s'affranchissant subitement de tout lien, & se jettant, pour ainsi dire, hors de la Constitution, ne respecteroit plus, ni la personne, ni la propriété du Citoyen, & voudroit, ou regner sans son Parlement, ou le forcer de souscrire à ses volontés? Ce seroit la résistance.

Sans entrer ici dans la discussion d'une these qui obligeroit de remonter aux principes des Gouvernemens, par conséquent à un grand détail, & sur laquelle, d'ailleurs, les personnes sans préjugé sont assez d'accord, je me contenterai de dire, & ce sera assez pour le but que je me propose, que cette these est ainsi décidée par les loix d'Angleterre, & que la résistance y est regardée comme la ressource légitime & finale contre les violences du Pouvoir.

Ce fut la résistance qui donna l'existence à cette grande Charte, fondement de la Liberté; & l'excès d'une puissance établie par la force fut réprimé par la force. C'est le même moyen qui en a procuré, en divers tems, la confirmation. Enfin, ç'a été la résistance à un Roi qui comptoit pour rien ses engagemens, qui a mis sur le Trône la famille aujourd'hui régnante.

Il y a plus: cette ressource qui n'avoit été, jusques-là, qu'une voie de fait opposée à des voies de fait, fut, à cette époque, avouée par la loi, elle-même. Les Lords & les Communes solemnellement assemblés, déclarerent que „ le Roi Jaques second

„ ayant fait ses efforts pour subvertir la Constitution
„ du Royaume, en rompant le contrat originel en-
„ tre le Roi & le Peuple; & ayant violé les loix
„ fondamentales & s'étant retiré du Royaume, avoit
„ *abdiqué* le gouvernement, & que le Trône, en con-
„ séquence, étoit *vacant* " (a).

Et, de peur que ces principes que la Révolution constatoit, ne fussent, avec le tems, comme ces secrets d'État qui ne sont vrais que pour une certaine classe de Citoyens, le même Acte assura expressément à chaque particulier le droit de réclamer formellement contre les abus du Pouvoir; &, qui plus est, d'avoir des armes pour sa défense. Voici comment s'exprime le Juge Blackstone, dans ses Commentaires sur les loix d'Angleterre.

„ Et pour la défense de ces droits, quand ils sont
„ violés ou attaqués, les sujets d'Angleterre sont *en-*
„ *titrés:* premiérement, à l'administration & au libre
„ cours de la Justice dans les Tribunaux de la loi;
„ secondement, au droit de présenter des pétitions

(a) Le Bill des Droits a donné depuis une nouvelle sanction à tous ces principes; & même, dans le recueil des *Statutes at large*, on a recueilli, en marge de l'Acte, la liste des violations de Jaques; &, au dessus, on lit *Chefs d'abdication:*

Heads of abdication.

Ainsi.
Dispensing power.
Committing prelates.
Levying money.
Standing army.
&c.

„ au Roi ou au Parlement; &, enfin, au droit d'a-
„ voir & employer des armes pour leur défenſe" (*a*).

Enfin, ce droit de s'oppoſer à la violence, ſous quelque forme & de quelque part qu'elle vienne, eſt ſi bien reconnu, que les Tribunaux l'ont pris, quelquefois, pour motif de leurs déciſions. Je rapporterai là-deſſus un fait aſſez ſingulier.

Un *Connêtable*, hors de ſon *precinct*, arrêta une femme nommée *Anne Dekins*; le nommé *Tooly* prit ſa défenſe, &, dans la chaleur de la querelle, tua l'aſſiſtant du Connêtable. Pourſuivi comme meurtrier, il allégua, pour ſa juſtification, que l'illégalité de l'empriſonnement étoit une *cauſe de provocation ſuffiſante* pour rendre l'homicide *excuſable*, & demandoit, en conſéquence, d'être admis au bénéfice de Clergé. Les Jurés ayant prononcé ſur le point de fait, laiſſerent le point de droit à la déciſion du Juge, en rendant un *ſpecial verdict*. L'affaire fut portée par devant le Tribunal même du *King's Bench*, & de-là elle fut encore ajournée, pour avoir l'opinion des douze grands Juges. Voici l'opinion que délivra le Juge *Holt*.

„ Si un homme eſt empriſonné par une autorité il-
„ légale, c'eſt une provocation ſuffiſante, à toutes
„ perſonnes, enſuite de leur compaſſion; beaucoup
„ plus lorſque l'empriſonnement eſt fait ſous couleur

(*a*) Blackſtone's Comment. B. I. Ch. 1. p. 140.

N 3

„ de Juſtice. Quand la liberté du ſujet eſt attaquée, „ c'eſt une provocation à tous les ſujets d'Angleterre: „ re: un homme doit s'intéreſſer pour la grande „ Charte & les loix; & ſi quelqu'un en empriſonne „ un autre illégalement, il eſt un offenſeur contre la „ grande Charte". Après quelque débat, occaſionné ſurtout parce que le nommé Tooly ne paroiſſoit pas avoir eu connoiſſance que le Connêtable fût hors de ſon *precinct*, la provocation fut décidée avoir été ſuffiſante (*a*).

Mais, c'eſt à l'égard de ce droit d'une réſiſtance finale, que ſe voit, ſurtout, l'avantage d'un moyen tel que la liberté de la preſſe. Comme les plus grands droits du Peuple ne ſont rien, ſans la perſpective d'une réſiſtance qui en impoſe à ceux qui oſeroient ouvertement les violer, ce droit de *réſiſter*, lui-même, n'eſt rien, s'il n'exiſte un moyen de concert entre les diverſes parties du peuple.

Chaque Citoyen en particulier, inconnu à tous, ſupporte en ſilence des coups auxquels il ne voit pas que perſonne s'intéreſſe; laiſſé à ſa force individuelle, il tremble vis-à-vis de la puiſſance redoutable & toujours prête de ceux qui gouvernent; & ceux-ci ſentant, s'exagérant même, les avantages de leur poſition, peuvent, ou ce qui revient preſque au même, croient pouvoir tout oſer.

(*a*) *Reports* de cas débattus & jugés *in B. R.* dans le tems de la feue Reine Anne.

Mais lorſqu'ils voient qu'il n'eſt aucune de leurs actions qui ne ſoit expoſée au grand jour; que, par la vivacité avec laquelle tout ſe communique, la Nation forme, pour ainſi dire, un tout *irritable*, dont aucune partie ne peut être touchée ſans exciter un *frémiſſement* univerſel, ils ſentent, alors, que la cauſe de chacun eſt réellement la cauſe de tous, & qu'attaquer le dernier d'entre le Peuple, c'eſt attaquer tout le Peuple.

C'eſt ici, encore, qu'il faut remarquer l'erreur de ceux qui ne voyant la liberté du Peuple que dans ſa puiſſance, ne voient ſa puiſſance que dans ſon action.

Lorſque le peuple opere beaucoup par lui-même, il eſt impoſſible qu'il acquiere jamais une connoiſſance exacte de l'état des choſes. L'événement d'un jour détruit les idées qu'il avoit commencé à prendre la veille; &, dans le mouvement continuel, aucun principe, & ſurtout aucun concert n'a le tems de s'établir. Vous voulez que le peuple aime & défende ſes loix & ſa liberté, laiſſez-lui donc le tems de ſavoir ce que c'eſt que loix & que liberté, & de ſe réunir ſur leur objet: vous voulez une réunion, une *coalition*, qui ne peut s'obtenir que par un *procédé* lent & paiſible; & vous ſecouez, ſans ceſſe, le vaſe.

Je dirai plus: il eſt contradictoire que le Peuple agiſſe & qu'il ſoit réellement puiſſant. Si le ſentiment de l'oppreſſion l'a forcé de ſortir de l'ordre légal, où il ne trouvoit plus de ſûreté, c'eſt pour ſe trouver, tout à coup, ſoumis à un petit nombre de

Chefs, d'autant plus absolus que leur titre n'est point éclairci : si même il n'est question, pour lui, de camp & de discipline.

Si c'est dans le cours ordinaire & légal que le peuple est appellé à se mouvoir, chacun des individus s'y voit obligé, pour le certain succès qu'il se propose, de se joindre à un parti ; & ce parti ne sauroit être sans un conducteur. Les Citoyens se divisent & prennent l'habitude de reconnoître des Chefs ; ils ne sont, à la fin, que les Cliens d'un certain nombre de Patrons ; & ceux-ci, enchaînant les bras comme ils maîtrisoient les suffrages, comptent pour peu un peuple dont, avec une partie, ils savent contenir l'autre.

Mais lorsque les ressorts du Gouvernement sont placés absolument hors du peuple, leurs mouvemens sont par-là-même dégagés de tout ce qui pouvoit les compliquer ou les masquer. Le peuple considérant, désormais, les choses spéculativement & n'étant, pour ainsi dire, que juge des coups, ne se fait que des idées justes ; & ces idées, dans le repos général, gagnant & s'insinuant de proche en proche, il n'a enfin plus, sur l'objet de sa liberté, qu'une volonté & qu'une ame.

Réuni ainsi en un tout, il est, à chaque instant, le maître de frapper le coup décisif qui doit mettre tout de niveau : semblable à ces puissances de méchanique dont la plus grande efficace est celle de l'instant qui précede leur action, il a de la force précisément parce qu'il n'en déploye point encore ; &

c'eſt dans cet état d'immobilité, mais d'attention, qu'eſt ſon véritable *momentum*.

Ceux, d'un autre côté, qui, ſoit par un effet de la fortune, ſoit en vertu d'une commiſſion particuliére du peuple, font mouvoir les reſſorts du Gouvernement, ſe voyant placés comme ſur l'arene, & obſervés, à diſtance, par des hommes libres d'eſprit de parti & qui n'ont en eux qu'une confiance conditionelle, craignent d'exciter un mouvement qui ſeroit la deſtruction, non pas de tout pouvoir, mais qui, quoiqu'il pût arriver enſuite, ſeroit, ſûrement & d'abord, celle du leur. Et, à ſuppoſer que les cauſes dont nous avons parlé ci-deſſus, perdant ſubitement leur effet, ils s'apprêtaſſent à faire, entr'eux, le ſacrifice des loix qui ſont la baſe de la liberté, venant à lever les yeux ſur cette vaſte aſſemblée qui tient ſes regards arrêtés ſur eux, ils ſentiroient ſe confirmer bien vîte leur vertu vacillante, & ſe hâteroient de regagner des principes, hors deſquels il n'eſt pour eux que ruine & que perdition.

En un mot, le grand nombre ne pouvant agir que pour être ſoumis, ou pour détruire, la ſeule part avantageuſe qu'il puiſſe avoir dans une Conſtitution, doit être, non pas d'intervenir, mais d'influer; de pouvoir agir, & non pas d'agir.

La puiſſance du peuple n'eſt pas lorſqu'il frappe, mais lorſqu'il en impoſe: c'eſt quand il peut tout renverſer qu'il n'eſt jamais dans le cas de s'émouvoir; & Manlius renfermoit tout en quatre paroles, lorſqu'il diſoit au Peuple de Rome, *Oſtendite bellum, pacem habebitis.*

CHAPITRE XXII.

Effets.

Ce n'eſt pas aſſez d'avoir prouvé par le raiſonnement les avantages de la Conſtitution de l'Angleterre: l'on me demandera, ſans doute, ſi les effets répondent à la théorie. Mais à cette queſtion, qui, je l'avoue, eſt extrêmement en place, ma réponſe eſt toute trouvée; ce ſera celle que faiſoit, je crois, un Lacédémonien: *Venez & Voyez.*

Que l'on jette, d'abord, les yeux ſur cette Légiſlation ſi conſtante dans ſes vues; ſur cette grande Charte, qui dans ſes trente-neuf articles s'étendoit à tout, juſques à quarante fois confirmée; ſur cette ſuite d'Actes nombreux qui ſe ſuivent, s'expliquent & ſe fortifient, ſans ceſſe, l'un l'autre; & qui, procédant, pour ainſi dire, par méthode d'*exhauſtion*, enlevent, à chaque fois, la portion de mal qui reparoiſſoit, & que la briéveté des vues humaines avoit obligé de laiſſer.

Que l'on voie, ſurtout, la Révolution qui a mis le ſceau à la Conſtitution de l'Angleterre, & que l'on diſe, en conſidérant la maniére dont ce grand événement fut préparé; le concert, la tranquillité avec leſquels il s'exécuta; &, ſur-tout, l'habileté, la prévoyance avec laquelle il fut mis à profit: que l'on diſe, ſi un tel phénomene pouvoit ſe rencontrer ailſeurs que chez une Nation qui avoit la ſageſſe, ou pour mieux dire, le bonheur de laiſſer agir un petit nombre d'hommes en qui elle ſe confioit, & de n'être, elle-même, que ſpectatrice.

Mais, ce n'eſt pas ſeulement leur eſprit de ſuite, c'eſt ſurtout leur objet qui diſtingue les opérations de la légiſlation de l'Angleterre. Elle ne s'eſt pas occupée à ſtatuer ſur des gouvernemens & ſur des provinces, & à répartir, entre un certain nombre de Citoyens, les honneurs, les dignités, le pouvoir. Dès les tems de ſa formation, elle a aſſuré au Cultivateur ſes inſtrumens; au Marchand ſa marchandiſe; à l'Etranger la ſûreté de ſon ſéjour & de ſa ſortie; & à tout Citoyen, quel qu'il ſoit, la libre diſpoſition de ſes biens & de ſa perſonne.

Et, non-ſeulement, les loix en Angleterre ſont dirigées à l'avantage de tous: il y a plus, elles s'exécutent. Le particulier le plus foible, léſé dans ſa perſonne ou dans ſa propriété, eſt auſſi ſûr d'en obtenir l'effet, vis-à-vis du Citoyen le plus accrédité, le plus riche, que celui-ci pourroit l'être, s'il étoit l'offenſé & que l'autre fût l'offenſeur (*a*).

(*a*) Les deux ſeuls priviléges, (*privilegia*) qu'aient les Pairs & les Membres de la Chambre des Communes, ſont: le premier, de ne pouvoir être ſaiſis perſonnellement pour l'exécution des ſentences rendues en matiére civile; avec cette différence, cependant, que ce privilége eſt perpétuel pour un Pair; & qu'il ne dure, pour un Membre de la Chambre des Communes, que pendant le tems d'une Seſſion, & pendant les quarante jours qui la précédent & les quarante qui la ſuivent. Le ſecond, eſt de ne pouvoir être appellés en Juſtice, pareillement en matiére civile, pendant que le Parle-

Le pouvoir même de ceux qui gouvernent, ce pouvoir auquel tout cede dans les autres sociétés, y

---

ment est siégeant; mais ce privilége, qui a pour but d'empêcher que les membres des Corps législatifs ne soient détournés des affaires de l'État, finit avec sa cause. Il a été réglé par les Statuts 12. Guil. III. c. 3. & Geo. II. c. 24. qu'immédiatement après la dissolution ou prorogation du Parlement, ou dans le cas où une des Chambres se seroit *ajournée* pour un terme plus long de deux semaines, la justice ordinaire doit reprendre son cours; & tout Membre de Parlement, soit Pair soit *Commoner*, peut alors être actionné comme une autre personne, & dépossédé de ses terres ou biens meubles, en conséquence de telles poursuites.

Ces deux priviléges cessent encore absolument d'avoir lieu, lorsqu'il est question, non-seulement de crimes, mais simplement d'atteinte à la sûreté personnelle de qui que ce soit: la plainte dans ces cas est reçue en tout tems. Par Statut. 2. & 3. Anne. c. 18. il a été ordonné, de plus, qu'un Membre de Parlement peut être poursuivi aussi en tout tems, pour raison de malversation dans un emploi public. Enfin, pour la sûreté du commerce, le Statut 4. Geo. III. c. 33. a réglé qu'un Commerçant ayant privilége de Parlement, peut être actionné pendant la Session, pour toute dette montant à cent livres sterling; & que s'il ne satisfait pas dans l'espace de deux mois, cela sera regardé comme un Acte de faillite.

S'il étoit besoin, au reste, de prouver qu'un homme qui se sert des moyens que la loi lui met en mains, pour la sûreté de sa personne ou le recouvrement de sa propriété, ne court aucun risque, de quelle part que ce soit, je citerois ce qui arriva en l'année 1708. à l'Ambassadeur du Czar Pierre. Ayant contracté des dettes à Londres, ses créanciers le firent prendre hors de son carrosse. Son Maître ressentit vivement cette injure, & demandoit que les Officiers qui avoient exécuté l'arrêt, fussent punis de mort. Mais, à l'étonnement de cette Cour despotique, dit Mr. Blackstone de qui je tire ce fait, la Reine chargea son Ministre de répondre: „ que la „ loi d'Angleterre n'ayant pas encore protégé les Ambassadeurs „ dans le cas de non payement de leurs légitimes dettes, *l'arrêt* „ n'étoit point une offense par les loix; & qu'elle ne pouvoit faire „ infliger de peine à aucun, même le dernier de ses sujets, qu'autant qu'elle se trouvoit autorisée par la loi du pays."

Le Parlement passa, à cette occasion, un Acte qui défendit sous les peines qui y sont énoncées, d'arrêter, soit un Ambassadeur,

est invinciblement foumis. Les crimes, appellés ailleurs coups d'État; que dis-je? la plus petite violation du droit de propriété, commife par les ordres exprès de ceux qui, du premier coup d'œil, femblent tout pouvoir, y eft infailliblement & publiquement réparée (*a*).

En un mot, c'eft une affertion fondée, & qu'aucun de ceux qui connoiffent l'Angleterre ne trouvera exagérée, de dire que, dès qu'il y eft queftion de l'exécution des loix, la naiffance, les richeffes, les dignités, le pouvoir même, font abfolument fans effet.

Phénomene extraordinaire! & qui, s'il ne peut être cru que parce qu'il eft une chofe de fait, par ceux qui, fachant les difficultés qu'il y a à avoir des loix équitables, favent encore la diftance qu'il y a,

---

foit ceux de fes domeftiques qu'il a fait enrégiftrer chez le Secrétaire d'État, & de faifir fes effets. On envoya à Mofcow une Copie de l'Acte, bien peinte & enluminée.

(*a*) Je pourrois prouver cela par plufieurs exemples; je me contenterai de rapporter un fait qui, ayant été inféré dans les Gazettes, fe trouve déja connu du Public. Un *Meffager d'État* faifit les papiers de quelques ouvriers imprimeurs, foupçonnés d'avoir imprimé un libelle. Le *Warrant* dont il étoit muni étoit figné par le Secrétaire d'État, mais les noms des perfonnes foupçonnées y avoient été laiffés en blanc, & il étoit, en conféquence, illégal. Les imprimeurs choifirent d'actionner le Meffager, & celui-ci fut condamné à une amende de trois cent livres fterling (6750 *liv. de Fr.*) en faveur de quelques-uns d'eux, féparément; & de deux cent livres fterling, en faveur des autres. La perfonne accufée d'avoir écrit le libelle & dont les papiers avoient été auffi faifis, en vertu du même *Warrant*, ou d'un femblable, actionna le Secrétaire d'État lui-même, & il a été condamné à quatre mille livres fterling de dédommagement.

de-là, à leur ſtricte exécution, ne peut, d'un autre côté, leur être expliqué, non pas par une ou par deux, mais que par le concours de toutes les cauſes que nous avons indiquées ci-deſſus.

C'eſt cette communauté d'intérêt, entre tous les particuliers, quels qu'ils ſoient; c'eſt cette réunion de la force publique, qui met dans l'impoſſibilité de s'y ſouſtraire; c'eſt cette aſſemblée d'un petit nombre d'hommes, qui, dépoſitaires de la puiſſance du Peuple, font leur ſpéciale occupation de lui procurer de bonnes loix & de veiller à leur exécution & déploient, tour à tour, pour lui, la qualité de légiſlateurs & d'*inquiſiteurs* (*a*).

C'eſt la frayeur ſalutaire qu'inſpire aux Juges la vue de ces accuſateurs redoutables (*b*); c'eſt, encore, cette admirable inſtitution des *Jurés*, & ce pouvoir judiciaire ſi heureuſement combiné : pouvoir, au reſte, dont les formes ne tiennent point eſſentiellement à la Conſtitution, & qui auroit fort bien pû

(*a*) La Chambre des Communes a le droit de pourſuivre toute malverſation, quelle qu'elle ſoit; & eſt appellée, quelquefois, par les Juriſconſultes : *The moſt ſolemn grand Inqueſt of the whole Kingdom*, la très ſolemnelle grande Enquête de tout le Royaume.

(*b*) Le Lord *Finch*, Garde du Sceau, fut accuſé de haute trahiſon par les Communes, pour avoir tâché d'engager les Juges à donner leur *opinion* en faveur d'un impôt établi par Charles I. (le *ship money*); & s'enfuit en Hollande. Jean *Brampton*, Lord Chief Juſtice du King's Bench, les Juges *Davenport*, *Berkley* & *Crawley*, furent auſſi pourſuivis. Le Juge Berkley, en particulier, ſur le rapport du Comité, fut accuſé de haute trahiſon, & fut ſaiſi ſur ſon ſiége même, au rapport de *Rushworth*. An. 1640. Car. 16.

ſe trouver moins parfait qu'il n'eſt, à-peu-près comme on voit certains viſceres être oblitérés, ou même manquer abſolument, dans des ſujets d'ailleurs ſains, mais qui, par un bonheur ajouté à ceux qui ont concouru à élever cette Conſtitution, s'y trouve joint dans ſa forme actuelle, &, comme un organe d'une ſtructure merveilleuſe, ne laiſſe paſſer de la force publique que préciſément ce qu'il en faut pour le maintien de l'ordre & de la ſûreté particuliére (*a*).

C'eſt cette cenſure publique qui ajoute le reſſort de l'honneur, là où manque le frein de la crainte ou de la juſtice. C'eſt cet intérêt général pour tout ce qui tient à l'objet de la liberté, & qui, la rendant le ſujet des réflexions d'un grand nombre de Citoyens, devient, enfin, une paſſion ſyſtématique, qui, pour être exempte de retour perſonnel, n'en eſt ni moins forte ni moins active (*b*).

Enfin, le concours de toutes ces cauſes en eſt, lui-même, une nouvelle. Leurs effets réunis ſe portent beaucoup au-delà de la ſomme de leurs effets particuliers; &, comme une flamme qui s'éleve,

---

(*a*) C'eſt une choſe bien admirable que la maniére dont le pouvoir judiciaire eſt établi en Angleterre. D'un côté, toute la force publique eſt réunie pour appuyer l'exécution des jugemens: les Arſenaux s'épuiſeroient plutôt que de laiſſer un crime violemment impuni. De l'autre, cette Puiſſance ſi terrible ne peut ſe mettre en mouvement, que ſur la déclaration unanime, on peut dire, de douze Paſſans que l'accuſé lui-même appelle.

(*b*) Un homme pauvre, iſolé, qui eſt dans le cas de demander une réparation contre quelque offenſeur puiſſant, trouve, tout de ſuite, des ſouſcriptions & des gens qui lui ouvrent leur bourſe.

tout à coup, de l'aggrégation de plusieurs feux, on voit se former, de la réunion de tant de choses, un esprit général qui anime & vivifie toutes les parties de l'État (*a*).

Ce qui prouve, encore, la bonté des principes sur lesquels est fondé le Gouvernement de l'Angleterre, c'est le peu de précautions prises pour sa sûreté. Au lieu de ces gouvernemens qui ne semblent élevés qu'au dépens du bonheur public, & dont toute l'activité s'employe à se maintenir : au lieu de ces Puissances ombrageuses qui, foibles avec toute la force des loix, se croient perdues si elles n'y joignent les ressources arbitraires d'Ostracismes, de Dictateurs, d'inquisiteurs d'État, de condamnations sans forme, on

(*a*) Je prendrai pour exemple deux états qui se trouvent fort différens. Les soldats ne se regardent point, en Angleterre, comme les soldats du Pouvoir exécutif, mais de la Nation : sous Charles I. ils refuserent de s'employer à lever des impositions qu'ils regardoient comme illégales, quoique leur payement en dépendit. Et Mr. Hume rapporte que Jaques II. ayant voulu éprouver jusques à quel point il pouvoit compter sur son Armée, se rendit au camp ; & ayant fait sortir hors des lignes le régiment de Litchfield, par lequel il voulut commencer, il ordonna à ceux qui n'approuvoient pas la suppression de l'Acte du *Test* de mettre bas les armes : tous, à l'exception de deux capitaines & de quelques soldats catholiques, accepterent la derniére partie de l'alternative & poserent leurs armes.

On voit, dans le même tems, à la tête de la Nation, les Pairs dépouillant tout retour personnel & tout esprit de corps, juger avec sévérité les délits de leurs *pairs* : & si l'on parcourt le recueil des *State Trials* (procès d'État ou procès importans) on ne trouvera pas de Lord coupable, qui ait gagné à n'être pas jugé par un *Jury* de *Commoners*.

on ne voit, en Angleterre, qu'une Puissance qui, uniquement occupée de la protection des individus, ne s'arme que quand une loi précise déclare le moment de l'attaque (*a*). Et cette loi, elle-même, a réduit à un si petit nombre les cas où le Gouvernement peut se croire en danger; elle a exigé si peu du particulier, & a pris, dans le même tems, tant de précautions pour sa sûreté, qu'un étranger, en Angleterre, est d'abord tenté de croire qu'il n'existe aucun pouvoir supérieur à lui; & il ne s'apperçoit, enfin, qu'il est un gouvernement, que par la sûreté dont il jouit (*b*).

Mais, c'est surtout cette liberté si étendue de penser & de s'exprimer, qui démontre la solidité du Gouvernement de l'Angleterre: liberté qui ayant de si grands effets sur l'opinion générale, par conséquent sur la base de tout gouvernement, est bannie de ceux qui, modérés d'ailleurs, se trouvent porter sur des fondemens moins solides; & qu'on se tromperoit

---

(*a*) Lors des invasions du Prétendant, à la tête de troupes de Nations ennemies, l'Acte d'*Habeas corpus* fut suspendu; mais cette précaution fut prise par les représentans du peuple, fut fixée à un terme précis, &, surtout, ne priva personne de ses moyens de justification. Les personnes arrêtées ne purent être jugées & condamnées que par leurs pairs, & eurent, comme auparavant, leurs droits de récusation péremptoire &c.

(*b*) A moins que, par une suite de préjugés pris ailleurs, il n'appelle, manque de Gouvernement, le défaut de cette puissance partiale qui fait trembler le Citoyen industrieux devant la livrée de la richesse; &, insolence, l'extérieur indépendant d'hommes qui ne craignent que les loix.

beaucoup, par exemple, ſi l'on comptoit de trouver dans les Républiques (*a*).

Qui donnant à chaque Citoyen le droit de porter ſes plaintes au Tribunal du Public, de donner ſon avis, & un avis motivé ſur tous les cas; &, en influant ſur la volonté de la Nation, d'influer ſur la Légiſlation elle-même, qui eſt, tôt ou tard, obligée d'y déférer, lui procure, ſans doute, l'équivalent du droit d'attendre qu'on lui permette de voter par *oüi* ou par *non* & ſans objecter un ſeul mot, à des propoſitions, tout au moins, très imparfaites.

Qui procurant une ſécurité dont le ſentiment renaît à chaque moment, & atteſtant, ſurtout, que le Gouvernement n'exiſte que pour l'avantage de ceux qui ſont gouvernés, eſt un des plus précieux avantages de la liberté, en même tems que ſon plus ſûr caractériſtique. Auſſi, la ſorte de protection que des Citoyens, qui en ſont privés, reçoivent d'ailleurs, dans d'autres Etats, peut bien faire qu'ils ſe regardent comme la propriété bien adminiſtrée d'un Maître qui connoît ſes intérêts; mais, c'eſt la jouiſſance de ce droit qui fait l'homme libre (*b*).

(*a*) La loi des douze Tables décernoit la peine de mort contre l'auteur d'un libelle; & ce n'étoit pas par une *Epreuve de Jurés* qu'on décidoit ce qui étoit un libelle: *Si quis carmen occentaſſit, actitaſſit, condidiſſit, quod alteri flagitium faxit, capital eſto.*

(*b*) Voici quelle eſt la condition du Peuple Anglois. Ils n'ont que le titre de *ſujets*. On ne leur dit point, *Jubete, decernite.* Mais ils ne tremblent pas devant des haches & des faiſceaux; ils s'expriment librement ſur le compte du Pouvoir; ils en plaiſantent, même, ſi bon leur ſemble.

Enfin, à toutes ces preuves de fait de la liberté de l'Angleterre, j'ajouterai celle du perfectionnement continuel de ses loix. Je sais que c'est la plainte de quelques personnes, qu'au moyen de l'influence que le Roi a acquise, son pouvoir n'a fait que changer de forme, & que ce qu'il faisoit autrefois, malgré son Parlement, il le fait, aujourd'hui, par son Parlement. Mais ce reproche qui ne porte que sur des choses exagérées, fait déjà voir qu'il n'en existe pas de plus graves, & sa véhémence même prouve la grandeur de cette liberté de la perte de laquelle on se plaint.

Je ne nie point, au reste, l'influence de la Couronne: elle est la suite inévitable du grand nombre de graces qu'elle distribue. Je ne nie pas, non plus, que cette influence qu'un bon Citoyen peut quelquefois souhaiter de voir diminuer, mais sûrement pas anéantir, conduit, quelquefois, à fermer les yeux sur les fautes des Ministres, & à prodiguer, jusques à un certain point, les richesses de la Nation. Les Corps célestes, eux-mêmes, sont sujets à des altérations dans leur cours; ne cherchons donc point, dans les établissemens des hommes, une entiére régularité. Quel que soit un gouvernement, il est impossible que

Ils ne nomment pas le Gouverneur de la Jamaïque, ni ceux de Minorque & de Gibraltar; mais tel est l'effet de l'Institution des Jurés, qu'on peut dire qu'ils se jugent les uns les autres. Leur Démocratie n'est pas placée dans des choses qui n'intéressent, on peut dire, aucun d'eux; mais, au rebours des Républiques, elle se trouve placée dans le pouvoir judiciaire & dans la censure.

des causes momentanées n'en dérangent quelquefois l'équilibre; & si des passions étrangeres, un esprit de pique par exemple, sentiment qui proportionne si peu ses effets à sa cause, venoit encore à y trouver place, il faudroit bien qu'on vît se manifester une *perturbation*, même considérable, dans le jeu des parties constitutionelles.

Mais, quelque sujet de plainte qu'ait pu former la Nation Angloise contre quelques-uns de ses Parlemens, l'on ne voit pas qu'ils aient jamais donné, ni permis qu'on donnât atteinte, à des loix essentielles à la liberté. On ne voit pas qu'ils aient sacrifié l'épreuve des Jurés ou la liberté de la presse. On ne voit pas que l'Acte d'*Habeas corpus* ait été énervé; que le pouvoir *dispensant* ait été renouvellé; que le droit des impositions n'ait pas été scrupuleusement conservé: on ne voit pas, enfin, que la sûreté particuliére ait jamais cessé. Sans doute, il s'est commis quelques irrégularités, parce que c'étoient des hommes, après tout, qui formoient le gouvernement; mais ce n'ont été que des irrégularités: les ouvrages extérieurs de la liberté, si je puis m'exprimer ainsi, ont souffert quelques ébranlemens; mais le corps lui-même s'est conservé immobile.

Je dis plus: nous voyons les Parlemens mêmes qui ont eu le moins la faveur du Peuple, apporter leur offrande, plus ou moins considérable, au dépôt de la liberté. Nous en voyons, quelques-uns, retrancher des privileges personnels de leurs propres Membres. Nous voyons dans le dernier Parlement, l'illégalité des *General Warrants* solemnellement déclarée (*a*).

Nous voyons, surtout, dans le Parlement actuel, un parti nombreux demander, & demander avec persévérance, que le pouvoir des Jurés & la liberté de la presse soient plus particuliérement définis (*b*); que par l'exclusion donnée à un plus grand nombre de gens en place, l'influence de la Couronne soit diminuée; que le tems de l'existence d'un même Parlement soit abrégé; que l'inégalité de la *représentation* soit corrigée (*c*). Enfin, la *presse* des Matelots a été

(*a*) Les *General Warrants* étoient des ordres expédiés par les Secrétaires d'Etat, de saisir ceux, en général, qui pouvoient avoir part à la publication d'un libelle, sans nommer expressément aucune personne. (Voyez la Note *a*, pag. 205). Ces *Warrants* s'étoient maintenus, après même l'expiration, arrivée en 1694, de l'Acte qui restreignoit la liberté de la presse; & les Secrétaires d'Etat pouvoient alléguer, en leur faveur, divers exemples, ou, comme on dit en anglois, divers *precedents*. Cependant, la Cour entiére du *King's Bench* les déclara nuls, en 1763; &, quelque tems après, un *Vote* de la Chambre des Communes ratifia sa décision.

(*b*) Il est question du pouvoir qu'a le Procureur du Roi de poser, lui-même, *l'indictment* (Voyez la Note *b* de la page 99); & de quelques distinctions que des Juges ont essayé de faire, au sujet du pouvoir des Jurés, de prononcer sur *la matiére de loi*, comme sur *la matiére de fait*.

(*c*) Dans le tems de l'origine de la Chambre des Communes, les Sheriffs étoient assez les Maîtres du choix des Villes ou Bourgs auxquels ils devoient envoyer des *Writs*, pour la nomination des Membres du Parlement. Quelques-uns, d'ailleurs, de ces Bourgs, par une suite du transport des manufactures, ou pour d'autres causes, étant tombés en décadence, le droit d'envoyer des Membres y est, tout de même, resté annexé (c'est ainsi que le *Vieux Sarum*, que ses habitans ont été forcés, par le besoin d'eau, d'abandon-

aussi prise en considération; & l'injustice faite à cette classe de Citoyens qui se manquent à eux-mêmes, a excité des plaintes, jusques dans la Chambre des Pairs (a).

Toutes ces *motions* n'ont pas eu, je le sais, le succès qu'on pourroit désirer qu'elles eussent, parce que les choses, même bonnes, ne doivent, encore une fois, s'opérer qu'avec lenteur; & que la facilité avec laquelle le patriote feroit, aujourd'hui, réussir ses vues, l'ambitieux l'auroit, demain, pour la ruine de l'Etat. Mais elles ont jetté les fondemens d'améliorations futures; le tems viendra où, devenues l'objet

---

ner, pour bâtir, à une lieue de là, le *Nouveau Sarum*, ou Salisbury, a conservé le sien); &, par une suite de ces inexactitudes, il se trouve, aujourd'hui, que le droit d'Election est attaché, en plusieurs endroits, à l'assemblage d'un très petit nombre de maisons. C'est-là un défaut véritablement constitutionel, & qui, plus que la corruption, proprement dite, contribue à mettre de l'inégalité dans les opérations du Parlement d'Angleterre.

(a) La *presse* des Matelots est un reste du pouvoir que le Roi avoit anciennement de *presser*, c'est-à dire, d'obliger ses sujets à accepter quelqu'emploi que ce fût, même hors du Royaume. Le Parlement a toujours évité de s'expliquer à cet égard; mais si un matelot, ou quelqu'un pour lui, demandoit un *Writ d'Habeas corpus* dirigé au Capitaine du Vaisseau à bord duquel il est détenu, & étoit, en conséquence, présenté par devant les Juges de Westminster, je doute qu'ils osassent prendre sur eux de décider que les *Warrants* de l'Amirauté sont une cause suffisante de priver un homme du bénéfice de l'Article XXIX. de la grande Charte: *Nec super eum mittemus, nec super eum ibimus, nisi per legale judicium parium suorum, vel per legem terræ.*

Dans la dernière *presse* la Ville de Londres a refusé d'endosser les *press Warrants*, & a annoncé & distribué une gratification aux matelots qui s'enrôleroient volontairement: presque toutes les Villes considérables ont suivi son exemple.

du vœu général & déclaré de la Nation, elles obtiendront la majorité dans les Chambres, & où les abus qu'elles ont pour objet, ainsi que quelques autres, *arriere-faix* d'une Constitution nouvellement achevée de naître, disparoîtront entiérement (*a*).

En un mot, ceux qui, après avoir examiné la nature du Gouvernement de l'Angleterre, en considéreront les effets, c'est-à-dire, en viendront à la seule preuve que, dans des choses de ce genre, on puisse regarder comme sûre, avoueront qu'il a par dessus tous les gouvernemens qui nous sont connus, les trois avantages essentiels; de protéger le plus sûrement; d'exiger les plus petits sacrifices; & d'être le plus susceptible de perfection.

CHAPITRE XXIII.

Causes qui assurent la durée de la Constitution d'Angleterre.

TOUS les Gouvernemens ayant en eux, nous disent ceux qui ont écrit sur cette matiére, le principe de leur destruction, principe qui tient aux causes mêmes qui en avoient fait la prospérité; les avantages du Gouvernement d'Angleterre ne fau-

(*a*) Je me regle, dans ce que je dis ici, par toute la suite des événemens que l'histoire présente.

roient donc, suivant ces Auteurs, l'exempter de ce vice secret qui en prépare la ruine: & Mr. de Montesquieu prononçant à la fois sur l'effet & sur la cause, dit que la „ Constitution d'Angleterre perdra „ sa liberté, périra: *Rome*, *Lacédémone & Carthage* „ ont bien péri: elle périra, lorsque la Puissance „ législative sera plus corrompue que la Puissance „ exécutrice."

Quoique je sois bien éloigné de prétendre qu'il soit aucun établissement des hommes, qui puisse échapper au sort que subissent les corps les plus simples & les plus solides; &, admirateur outré du Gouvernement d'Angleterre, d'ajouter à ses avantages celui de l'éternité; je dirai, cependant, que différent par sa structure & ses principes de tous ceux que l'histoire nous fait connoître, leurs dangers ne sont, peut-être, pas les siens: juger d'eux à lui, c'est juger par analogie, là où il ne se trouve point d'analogie; & mon respect pour l'illustre Auteur que j'ai cité, ne m'empêchera pas de dire, que son opinion n'a point, ici, auprès de moi, le poids qu'elle a dans presque toute autre occasion.

Né dans un pays où beaucoup de choses n'étoient pour lui que purement spéculatives, ce beau génie a eu, sur plusieurs points, un désavantage extrême; & il n'a pas toujours bien démêlé, par exemple, les choses essentielles à la liberté (*a*). Lorsqu'il

(*a*) Il confond partout avec elle, la part active du peuple au Gouvernement.

nous parle de l'Angleterre, en particulier, ce qu'il nous donne est trop général; &, quoique les choses eussent été sous ses yeux, & sous de si bons yeux, il nous dit plutôt ce qu'il a conjecturé que ce qu'il a vu.

Les exemples qu'il cite & la cause de dissolution qu'il assigne, confirment surtout cette observation. Le Gouvernement de Rome, pour parler de celui qui, s'étant dissous de lui-même, peut fonder un raisonnement exact, n'avoit aucun rapport avec celui de l'Angleterre. Le Peuple Romain n'étoit pas un peuple de Citoyens, mais un peuple de Conquerans: Rome n'étoit pas un Etat, mais la tête d'un Etat: par l'immensité des conquêtes elle n'y fut à la fin qu'accessoire: son pouvoir devint si grand, qu'après l'avoir donné elle ne put plus le reprendre, & dès ce moment elle y fut soumise, par la même raison que les Provinces l'étoient aussi.

La chûte de Rome fut donc un cas particulier à sa position; & le changement de mœurs qui accéléra cette chûte, eut un effet qu'il ne pouvoit avoir, non plus, que dans cette même position. Des hommes qui avoient attiré toutes les richesses du monde ne purent plus se contenter du souper de Fabricius & de la chaumiere de Cincinnatus: le peuple, maître des bleds de la Sicile & de l'Afrique, ne fut plus obligé d'enlever ceux de ses voisins; tous les ennemis possibles étant, d'ailleurs, exterminés, Rome, dont le pouvoir étoit militaire, ne fut plus une armée, & ce fut-là le moment de sa corruption: si, au reste, on peut donner ce nom à ce qui étoit la ſuite inévitable de la nature des choſes.

En un mot, Rome devoit perdre ſa liberté, lorsqu'elle perdroit ſon Empire: & elle devoit perdre ſon Empire, lorſqu'elle voudroit en jouir.

Mais l'Angleterre forme une ſociété fondée ſur des principes abſolument différens. Toute la liberté, toute la puiſſance, n'y ſont pas amoncelées, pour ainſi dire, ſur un point, afin de ne aiſſer ailleurs qu'eſclavage, que miſere; par conſéquent, que diviſion ſourde, qu'animoſité. Ce ſont, d'un bout à l'autre de l'Iſle, mémes loix, mêmes intérêts: ce n'eſt donc véritablement qu'un Etat; & le Gouvernement y étant compoſé des députés de chacune des parties qui forment le tout, ſe trouve avoir pour baſe l'étendue de tout cet Etat.

Par une ſuite du même arrangement, le Peuple Anglois n'a que faire des vertus néceſſaires à ceux qui, ayant envahi tout, doivent conſerver tout & s'abſtenir de tout; il n'eſt donc point dans le cas du relâchement. Ayant confié l'exercice de ſon pouvoir ou, pour mieux dire, de ſon influence extérieure, il n'eſt jamais dans le cas de perdre de vue l'intérieur de l'Etat; &, ayant renoncé, dans cet intérieur même, à toute part active au Gouvernement, il a prévenu juſques au danger de l'erreur. Le ſeul ſens donc, qu'on puiſſe donner, à ſon égard, au mot, d'ailleurs très vague, de corruption, ſeroit celui du cas où il ceſſeroit de vouloir être libre; ſuppoſition extraordinaire, & qui, ainſi que celle d'une conquête, ne doit point entrer dans l'examen des causes qui peuvent influer sur la durée d'un Gouvernement; exactement comme on exclud du calcul des forces & du jeu d'une machine, le cas d'un accident qui viendroit à la mettre en pieces, ou celui d'une dégradation subite des matériaux dont elle est formée.

Par cette Puissance législative dont la corruption doit entraîner celle de la Constitution, devroit-on entendre, seulement, cette petite partie du Peuple, qui, chargée de représenter le total, concourt à former le Parlement? Mais, non: cette portion des Citoyens, relativement très petite, pourroit bien, à toute rigueur, tromper, pour un tems, le Peuple; mais ne sauroit l'anéantir.

N'exerçant, d'ailleurs, leur office que pour un tems limité, leur corruption, quelque sens qu'on veuille donner à ce mot, & quelque grande qu'elle fût, ne seroit jamais qu'une corruption qui leur seroit particuliére, par conséquent, un mal passager. Enfin, étant continuellement remplacés par de nouveaux Citoyens, tirés du sein du Peuple & ensuite du vœu du Peuple, ils n'en sont, jamais, que des délibations successives, qui circulent & se rejoignent incessamment: leurs principes ne doivent donc point être distingués des siens, ou plutôt ils sont le Peuple lui-même.

Je suis réellement en peine, quel sens précis assigner à ces mots, *lorsque la Puissance législative sera corrompue.* Pourroient-ils signifier lorsque le tems sera venu où, de quelque côté que le Peuple se tourne, il ne pourra choisir que des hommes qui penseront plus à leurs intérêts qu'aux siens? Non: supposer que les choses pussent exister différemment, seroit une erreur trop considérable. La forme des Sociétés peut varier d'une infinité de maniéres, suivant les circonstances; mais il est une chose qui ne change point, c'est l'intérêt personnel: & dans le problême compliqué d'un gouvernement, problême tout composé de quantités *variables*, & dont le nombre est variable, la seule *constante* qui se trouve, est que l'homme fera servir son pouvoir quelconque à ses vues particuliéres.

Mais la Constitution d'Angleterre n'exige pas des choses qu'il ne faut point espérer de la foible vertu des hommes. Elle n'attend rien, heureusement pour sa durée, que l'intérêt personnel ne demande déjà puissamment.

Ainsi, l'espérance d'avoir de bonnes loix & de les voir exécuter, ou, en d'autres termes, le bonheur de l'Etat, dépendant entiérement de ce qu'aucun de ceux qui doivent obéir ne puisse se flatter d'en être jamais exempt, il falloit absolument que le Pouvoir chargé de faire exécuter ces loix, fût au dessus de toute résistance particuliére, &, de plus, inexpugnable.

La Constitution, en confiant ce pouvoir à un seul exclusivement, l'a d'autant plus intéressé à le conserver. En faisant, de cette possession exclusive, un de ses plus beaux droits, elle l'a, surtout, intéressé à le conſerver entier; & elle lui a rendu inſupportable toute idée d'aſſociation (*a*).

En joignant à la réalité de ſon pouvoir, tout l'éclat dont l'imagination des hommes puiſſe ſe frapper, en le mettant, même, perſonnellement au deſſus des loix, elle a développé, en lui, toutes les paſſions qui pouvoient aller au but qu'elle ſe propoſe; elle en a, même, fait un homme différent des autres; & ce pouvoir, que tous regardent comme déſirable, elle a voulu qu'il le regardât comme néceſſaire.

En un mot, le principe d'action devant abſolument être *un*, la Conſtitution en a fait la prérogative d'un homme qui en regarde le partage, comme en étant la perte, & la perte, comme celle de ſon exiſtence.

Le ſalut de l'Etat n'exigeant pas moins que le Pouvoir fût borné, la Conſtitution a confié ce ſoin à deux Corps; mais elle a voulu que l'un ne s'oppoſant qu'à l'excès, proprement dit, du pouvoir, ſitôt qu'il commenceroit à être en danger, en devînt le défenſeur.

Pour cela, elle l'a compoſé de Citoyens extrêmement favoriſés de la fortune; &, en les rendant les victimes des abus du Pouvoir, d'un Pouvoir qu'elle leur ôtoit l'eſpoir de jamais s'approprier, & avec lequel il ne peut être de pacte que celui de l'obéiſſance, elle les a mis dans la néceſſité de le borner.

(*a*) Je ne crois pas qu'avant ou depuis Henri III. Roi de France, le monde fourniſſe aucun exemple d'un Roi qui ait fait une ligue avec ſes ſujets.

Leur conférant, dans le même tems, une dignité héréditaire & des honneurs, qui ne ſont tels qu'entant qu'ils ſont excluſifs, elle les a eſſentiellement intéreſſés au maintien de l'ordre, c'eſt-à-dire, à la défenſe du pouvoir exécuteur des loix.

Ne leur ayant donné, d'ailleurs, ni la confiance du peuple, ni la puiſſance active, elle a voulu qu'ils ne tiraſſent leur véritable luſtre que de la fonction bien exercée de médiateurs entre ceux qui poſſedent ces deux choſes. Et elle leur a rendu inacceptables les ſeules conditions poſſibles d'une réunion durable avec l'un ou l'autre; c'eſt-à-dire, d'avoir ou un maître, ou des égaux.

Par rapport à ceux que la Conſtitution a chargés plus particuliérement de la protection du peuple, ne leur ayant donné, dans le même tems, aucune diſtinction perſonnelle, elle n'a laiſſé à leur Corps d'autre conſidération, d'autre gloire, que celle de la confiance publique: que dis-je! ne leur ayant donné pour titre à leur fonction, que cette confiance expreſſément déclarée, elle la leur a même rendue néceſſaire.

Leur ayant également refuſé toute part au pouvoir actif, la ſeule voie qu'ils aient de ſe diſtinguer, eſt de veiller au bonheur de ceux qui ſont gouvernés: & telle eſt leur poſition, que l'eſprit de corps & l'ambition particuliére ne peuvent être diſtingués, en eux, de l'attachement à leurs devoirs.

Ayant ſans ceſſe devant eux, le ſpectacle, d'un côté, d'une Puiſſance formidable; de l'autre, d'une aſſemblée d'hommes qui ſeroient les objets de ſes préférences ; ils ne voient de sûreté que dans la bonté des loix, dans la régularité de leur exécution, & dans leur universalité ; (*a*) & ils savent qu'ils ne pourroient trahir le vœu de la Constitution, que pour se voir exposés, sans défense, aux coups d'un Pouvoir arbitraire, dans la crise de son établissement, & à l'insolence d'une Noblesse qui commenceroit à y trouver le dédommagement de la servitude.

Encore une fois, donc, si les Constitutions qu'on nous représente, comme ayant jadis été libres, ont perdu leur liberté, c'est qu'elles devoient nécessairement la perdre. Elles en avoient confié le soin à ceux qu'elles en rendoient, d'ailleurs, les ennemis ; & des machines qui, n'ayant pour mobile, que la vertu, pour point d'appui, que la modération, avoient à surmonter la force *vive* & directement opposée, de l'ambition, de l'intérêt personnel, devoient tôt ou tard être démontées.

C'est, au contraire, cette force elle-même que la Constitution d'Angleterre a pliée & dirigée à ses fins ; c'est sur l'amour de soi qu'elle a fondé le jeu de ses diverses parties : & il ne faut point conclure de gouvernemens où la liberté tenoit à des causes foibles, intermittentes & puissamment contrariées, à celui, où cette même liberté est établie sur des causes agissantes, & agissantes dans tous les tems, dans tous les lieux & sur tous les hommes.

(*a*) Il n'y a que l'universalité des loix qui puisse leur procurer l'affection &, conséquemment, la protection finale du Peuple.

A Dieu ne plaiſe, au reſte, que j'entende, qu'il n'eſt chez les hommes aucune vertu; je veux dire, ſeulement, qu'elle n'y eſt point ordinaire; & ce n'eſt que ſur les choſes ordinaires qu'un Gouvernement doit compter.

Il ſe trouve même malheureuſement, que la morale politique n'eſt point la morale commune. L'éblouïſſante idée du pouvoir a tout confondu: ce qui eſt ailleurs couvert d'opprobre, elle y a attaché de la gloire; &, uſurper ſur le peuple, eſt regardé comme une ſorte de conquête.

Les queſtions, d'ailleurs, en matiére de gouvernement, étant preſque toujours compliquées, ceux qui ont le pouvoir ſe font aiſément illuſion ſur le droit ou ſur le fait; lorſqu'elle n'y eſt pas poſſible, ils ſe la font ſur la convenance: dans la Monarchie, ils ne ſavent parler que de l'autorité illimitée, indiviſible; dans la République, ils n'admirent rien tant qu'une ariſtocratie décidée; & l'on a vu, très ſouvent, des hommes vertueux, integres, faire des Miniſtres injuſtes, ou de mauvais Magiſtrats.

Mais, lorſqu'une Conſtitution n'a pas compté eſſentiellement ſur la vertu, c'eſt alors qu'on peut véritablement l'eſpérer. L'intérêt particulier ne corrompant plus le cœur de ceux qui forment le vulgaire, ni la raiſon de ceux qui euſſent réſiſté à ſes attaques, le patriotiſme ſe déclare alors, tout-à-coup: agiſſant en liberté, il vient favoriſer une allure qu'il trouve déja décidée, ſemblable à un vent frais qui joint ſon impulſion à la force du courant.

Et,

Et, non-ſeulement l'oppoſition des diverſes parties du Gouvernement de l'Angleterre, oppoſition de laquelle dépend la durée de la liberté, a été rendue perpétuelle; mais les moyens d'oppoſition ſe trouvent, par un nouveau bonheur, être tels, qu'ils en préviennent les dangers. Ils ne mettent les diverſes parties en état d'agir que par contre-coup, ſur les volontés l'une de l'autre; ils leur rendent néceſſaire une certaine perſévérance, & ne peuvent opérer que de certains ſacrifices.

Ainſi, le Parlement peut, en refuſant des ſubſides, ôter au Roi les moyens de déployer ſes prérogatives; mais il ne peut toucher à ces prérogatives, elles-mêmes. Il peut faire que le Roi trouve de très grands avantages à conſentir à une certaine loi; mais il ne peut l'y obliger. Les déterminations de celui-ci ne ſont donc jamais que des affaires de calcul, & il eſt toujours le maître de s'abſtenir de ce qui peut donner du luſtre à ſon pouvoir, lorſqu'il ſeroit queſtion de ſon exiſtence.

C'eſt, encore, ainſi, que le Roi peut dans le tems d'une fermentation violente, énerver le pouvoir du Peuple, en congédiant ſes repréſentans. Mais ce moyen n'eſt jamais qu'un renvoi, ou au même Parlement mieux informé, ou à un nouveau qui revêtiroit, peut-être, d'autres principes: & les membres actuels ne craignent, que juſques à un certain point, de diſparoître, aſſurés qu'ils ſont, que des cauſes puiſſantes les feront bientôt rappeller.

Une autre différence de la Constitution de l'Angleterre, qui en met une bien grande, je dis plus, qui ôte toute possibilité de comparaison, entr'elle & les Constitutions qui nous sont connues, c'est celle, sur laquelle j'ai si souvent insisté, d'avoir placé les ressorts moteurs de la puissance législative entre les mains de ceux qui sont gouvernés.

Dans les Etats où la partie active de la législation est confiée à ceux qui ont, d'ailleurs, la puissance d'exécution, la ruine de la liberté est par cela seul commencée. Ils en font de sa diminution l'objet continuel de leurs tentatives; & le *non plus ultra* de leur revers n'étant, jamais, que de n'avoir pas réussi, ils ne peuvent perdre que du tems, tandis que leurs progrès sont décisifs, & leurs conquêtes inaliénables.

Le peuple, d'un autre côté, avec toute sa part à la puissance législative, n'étant jamais que passif dans son exercice, n'a aucune chance favorable, & a contre lui toutes celles de l'erreur & de la surprise.

Il a encore, contre lui, tous les abus de fait du gouvernement. Ces abus, souvent inconnus dans leur origine, deviennent des usages, & ensuite des loix. Les citoyens n'ont d'autre ressource que de pointiller sans cesse, ou de s'opposer ouvertement: & se montrant, toujours, trop tôt, ou trop tard, ils ne peuvent prendre la défense de leur liberté, que pour être des mal-intentionnés, ou des rebelles.

Et tandis que tous les Politiques, lesquels n'ont eu en vue que les Constitutions ordinaires, s'accordent à décider que la liberté, une fois perdue, ne peut plus se recouvrer, (*a*) il arrive que la maxime, ***principiis obsta***, qu'ils regardent comme la sauvegarde de la liberté & qu'ils ne cessent de prêcher au Peuple, exigeant, déja, des attentions incompatibles avec sa nature, se trouve, d'ailleurs, être impraticable.

Mais l'opération de se plaindre, cette opération partout ailleurs si orageuse, celle de proposer, partout ailleurs inouïe, sont en Angleterre la fonction spéciale des représentans du Peuple (*b*). Quelque long, quelque profond qu'ait été son sommeil, l'instant de son réveil est celui où ils commencent à réparer ses pertes. En quelque situation désespérée que puisse être la liberté, ils la reprennent où ils la trouvent, la reconduisent par la même voie & jusques au même point d'où elle avoit été forcée de reculer; & le Pouvoir, quelles qu'aient été ses usurpations, son débordement, est toujours ramené dans son ancien lit (*c*).

(*a*) „ Peuples libres, souvenez-vous de cette maxime: *On peut* „ *acquérir la liberté, mais on ne la recouvre jamais.*" *Contrat Social.* Chap. VIII.

(*b*) Le premier devoir du Parlement, dit Coke, dans son Institut, est d'appointer un Comité de *grievances.*

(*c*) On peut se rappeller que les *Anglois avoient abandonné* à leur Roi le pouvoir législatif. (Voyez page 58.) Ils sembloient avoir fait ce que les Danois ont fait environ un siécle après.

Je prendrai occasion de remarquer ici, comment toutes les parties de la Constitution d'Angleterre se favorisent mutuellement & quelles ressources elles se prêtent. *C'est parce qu'elle a un Roi*, que le Peuple peut, sans péril, avoir des représentans; c'est parce

Enfin, la solidité, je dirai même, la masse des parties du Gouvernement de l'Angleterre, indépendamment de leur structure & de leur jeu, a prévenu une autre cause qui, quoiqu'éloignée, a été celle de la perte de beaucoup de Républiques. Je veux dire ces puissances d'accident qui, se développant imperceptiblement, forment une obstruction dans l'Etat; &, après avoir longtems gêné le gouvernement, finissent par l'engloutir (*a*).

Toute la puissance qui peut résulter de la distribution des graces, de l'indépendance personnelle, du respect du peuple, de l'*exécution*, ayant été accumulée dans une seule place; toute celle qui résulte de la confiance illimitée du peuple, ayant été pareillement concentrée dans une assemblée déjà considérable par elle-même, cela forme deux Puissances telles, que toute puissance particulière est forcée de devenir l'instrument de l'une, ou de se réunir à l'autre.

---

que le Peuple n'agit que par le moyen de ceux-ci, qu'il a pu avoir la proposition des loix: mais, encore pour cela, il falloit qu'il y eût un Roi, c'est-à-dire, un *Veto* extraordinairement puissant. C'est parce qu'elle a placé la balance du Peuple, dans le droit de refuser des subsides, c'est-à-dire, dans un moyen qui, d'instant en instant, devient toujours plus contraignant, qu'elle a pu se hazarder à donner à la puissance exécutive la faculté de faire disparoître les Corps législatifs; & que le pouvoir de dissoudre le Parlement, ce *Palladium* de la liberté, peut exister sans en être la ruïne. La Constitution Angloise couroit un grand danger, lorsque Barthelemi Colomb venoit enseigner à Henri VII. le chemin du Mexique & du Pérou.

(*a*) Je citerai, entre plusieurs exemples, celui de Cosme de Medicis.

Et lors même qu'une confédération quelconque voudroit entreprendre ce qu'il feroit abfurde à un feul d'imaginer: lors même que le Corps entier de la Nobleffe, oubliant que leur feule fonction poffible eft celle de Médiateurs; oubliant le tems où, privés de l'appui du peuple, ils fe profternoient devant le Trône, & celui où, réunis au Trône lui-même, ils difparurent devant le peuple, voudroient aujourd'hui fe rendre maîtres de l'un & de l'autre, on verroit fe réunir pour un inftant, parce qu'elles n'auroient befoin que d'un inftant, les deux puiffances réelles de l'Etat. Le Peuple, réveillé par le danger de fa liberté, déployeroit fes reffources; le Prince, réveillé par le foin de fon exiftence, déployeroit fa puiffance, laquelle eft inaliénable; & ces deux énormes piéces de la Conftitution, venant à s'ébranler & à agir de concert, ce pouvoir fubreptice, écrafé & pulvérifé, ne laifferoit pas même de trace de fa ruine.

En un mot, le principe moteur du Gouvernement de l'Angleterre, les parties dont il fe trouve compofé, & les moyens qu'il a mis en œuvre, en faifant un Gouvernement abfolument neuf, il ne faut point, je le répete, en juger par analogie avec d'autres Gouvernemens, & leurs dangers ne font point les fiens.

Conclure fa ruine de la leur, c'eft en ignorer la ftructure; conclure cette ruine de quelques inconvéniens préfens, c'eft en ignorer les reffources & prendre des défauts d'adminiftration pour des vices de Gouvernement: c'eft, jugeant des affaires par les courts périodes de la vie humaine, croire que ce qui est, sera; & méconnoître les causes qui ramenent & rétablissent les choses dans les vastes oscillations d'un Etat.

Je prie qu'on ne s'impatiente point; il est difficile d'être court sur un sujet aussi neuf. Il est une cause plus fondamentale encore de la durée de toute Constitution établie sur les principes de celle de l'Angleterre: elle ne cherche, nulle part, à contrecarrer la Nature; elle a établi ce à quoi les sociétés que forment les hommes ont une tendance invariable; & elle porte sur les choses mêmes que toutes les autres Constitutions s'étoient malheureusement arrangées à regarder comme leur ruine (*a*).

Si l'on pouvoit supposer, un instant, que cette Constitution, au lieu d'être l'effet d'un concours heureux de hazards heureux, ait été trouvée *a priori* par un homme qui voyant, à l'avance, ce que nous autres mortels ordinaires ne voyons qu'après coup & avec peine, eut donné ses avis à des hommes en état de l'entendre, voici, j'imagine, comment il leur eut parlé:

Rien n'est plus chimérique, eut-il dit, qu'une égalité, ou même qu'une liberté absolue: il faut néces-

(*a*) Plusieurs des Gouvernemens que nous connoissons, avoient pour but d'empêcher que le pouvoir ne fût entre les mains d'un seul: d'autres se proposoient une égalite parfaite & bannissoient toute distinction de naissance: les autres, enfin, exigent que le peuple ne puisse souffler. Toutes choses qui, de part & d'autre, mettent une société dans un état violent.

ſairement que, dans un aſſemblage d'hommes, il s'éleve un pouvoir. Il faut, de plus, que ce pouvoir, s'iſolant ſucceſſivement, ſe réduiſe, enfin, dans la main d'un ſeul; & ces deux effets, qui vous ſont confirmés par l'hiſtoire, découlant de l'ambition des uns, & de la maniére de voir & de ſentir des autres, ſont abſolument inévitables.

Allons, donc, au devant de ce mal, puiſqu'il eſt impoſſible de le fuir. Donnons-nous un Chef, puiſqu'il faut abſolument en avoir un; par-là nous éviterons les combats entre ceux qui chercheroient à le devenir. Sur toutes choſes, donnons-nous le ſeul, de peur que, s'élevant enfin ſur les ruines de ſes rivaux, il ne s'établiſſe, ainſi, malgré nous, & par une ſuite des plus fâcheuſes combinaiſons.

Donnons-lui, même, tout ce qu'il eſt poſſible de donner, ſans nuire à notre ſûreté. Appellons-le notre Maître, faiſons-lui enviſager l'Etat comme étant ſon patrimoine, mettons-le hors de proportion avec lequel que ce ſoit d'entre nous; & nous verrons ce que nous regardions, d'abord, comme un mal, devenir une ſource de biens: nous réglerons mieux ce pouvoir que nous aurons ainſi décidé & concentré en un ſeul lieu. Nous aurons acquis, de plus, au dedans un protecteur puiſſant, & au dehors un défenſeur incorruptible.

Vous avez pu remarquer de plus, continueroit-il, que, dans toutes les ſociétés, il ſe forme autour de celui qui a le dépôt du pouvoir, une claſſe d'hommes qui, ſans y avoir une part préciſe, participent à ſon éclat: qui, prétendant à être diſtingués des autres, en ſont par cela ſeul diſtingués; & cette diſtinction, pour n'être qu'une affaire d'opinion, n'en a pas dans ſes effets moins de réalité.

Réglons donc encore ce mal, que nous ne pouvons prévenir. Etabliſſons cette claſſe d'hommes qui s'établiroient à notre inſçu & avec les privileges les plus fâcheux: donnons leur, même, tout ce qu'on peut donner lorſqu'on ne veut donner aucun pouvoir perſonnel. Accordons leur des honneurs décidés; ils en feront mieux connus, par-là-même, ſans danger. Par-là encore, nous ôterons tout eſpoir de les uſurper; les prétentions n'étant plus des titres, tout ce qui ne ſera pas préciſément de leur nombre, ſera forcé de reſter peuple: &, comme nous diſions, donnons-nous un Maître pour ne pas en avoir cinquante; diſons, donnons-nous trois cents Seigneurs, pour ne pas avoir dix mille Nobles.

Notre amour-propre prendra, d'ailleurs, mieux ſon parti d'une ſupériorité qu'il ne penſera plus à diſputer. Eux-mêmes, nous en voyant faire, les premiers, l'aveu, ne ſe croiront point obligés d'être inſolens, pour nous en fournir la preuve: tranquilles ſur leurs prérogatives, la vivacité de l'eſprit de corps ſera par-là-même aſſoupie; ils ne ſe réuniront fortement que lorſqu'ils ſe verront réellement en danger; & parce que nous les aurons faits Grands, nous les verrons ſouvent Citoyens.

Enfin, réunis en une aſſemblée réguliére, ils formeront une partie intermédiaire, c'eſt-à-dire, une partie très utile du Gouvernement.

Il faut, de plus, pourſuivroit encore notre légiſlateur, que nous ayons de l'influence ſur le Gouvernement; il le faut pour notre ſûreté : il ne le faut pas moins pour la ſûreté du Gouvernement lui-même. Mais, l'expérience doit vous avoir appris, en même tems, qu'un grand nombre d'hommes ne peut agir ſans être, quoiqu'à leur inſçu, les inſtrumens d'un petit; que le pouvoir du peuple n'eſt jamais que le pouvoir de quelques hommes qui, ſans qu'on ſache bien, ni quand, ni comment, s'en approprient les reſſorts.

Sur cet article, donc encore, exécutons-nous. Faiſons être ouvertement, ce qui auſſi-bien auroit lieu en ſecret; confions notre pouvoir, avant qu'on nous le prenne par adreſſe. Ceux que nous en aurons fait expreſſément les dépoſitaires, libres du ſouci de ſe maintenir, n'auront plus d'autre objet que de le rendre utile. Ils nous reſpecteront d'autant plus qu'ils ſauront bien qu'ils ne nous en impoſent point; &, au lieu d'un petit nombre de Chefs qui croiroient tenir tout de leur ſavoir-faire, nous aurons des hommes expreſſément déſignés, & auxquels nous demanderons compte des maux de l'Etat.

Mais, ſurtout, en formant notre Gouvernement avec un petit nombre de perſonnes, nous empêcherons que le mal puiſſe jamais s'y compliquer. Bien plus, nous le rendrons ſuſceptible de combinaiſons, de reſſources ineſtimables, & qui ſeroient impoſſibles dans ce Gouvernement de tous, qui n'eſt, au fonds, que confuſion & que cohue.

Enfin, nous-mêmes, nous dépouillant d'un pouvoir dont nous n'eussions jamais eu que l'apparence, nous ferons nos conditions: nous exigerons que notre liberté soit augmentée; nous nous réserverons, sur toutes choses, le droit de veiller & de juger cette Administration qui ne se sera élevée que par notre consentement. Nous en verrons d'autant mieux les défauts, que nous n'en serons que spectateurs: nous les corrigerons d'autant mieux, que nous en serons indépendans (*a*).

La Constitution de l'Angleterre étant fondée sur de tels principes, on ne sauroit réellement assigner la cause & la maniére de sa ruine: toutes choses s'y trouvant placées au point où elles pourroient tendre de tomber, la chûte en a été rendue impossible: le centre de *gravité* coïncidant, partout, avec le centre de *gravitation*, rien ne peut être déplacé qui ne soit dans une condition forcée; & il ne peut se faire aucun mouvement qui ne tende à le rétablir.

C'est ainsi qu'elle se conserva au milieu des orages des guerres civiles, désastres que son imperfection & la férocité des tems empêchoient de préve-

(*a*) Il auroit pu ajouter: Comme nous ne chercherons point à contrarier la Nature, qu'au contraire, nous nous y prêterons, nous pourrons nous donner une législation douce. Ne nous effrayant point, mal-à-propos, du gouvernement d'un seul, nous n'aurons besoin ni de roc Tarpéien ni de Conseil des *Dix*: ayant établi que le peuple peut s'enquérir comment il est gouverné, & tâcher de l'être bien, nous n'aurons besoin ni de prison d'Etat, ni de délateurs.

nir. On la vit reparoître après les guerres des Barons, après l'usurpation de Henri quatrieme, après les longues & furieuses guerres des Maisons d'Yorck & de Lancastre, semblable à un roc qu'on revoit après la tempête.

C'est ainsi qu'après avoir résisté à la puissance accidentelle, mais exorbitante, des Tudors, elle se releva, à l'instant qu'un autre esprit vint animer la Nation. C'est ainsi qu'absolument détruite, en apparence, sous Charles premier, elle se joua des efforts, & des efforts réfléchis de ceux qui sembloient, alors, tout pouvoir: Charles second fut appellé; & l'on vit, incontinent, se re-déployer toutes les forces constitutionelles (*a*).

En un mot, la Constitution de l'Angleterre, dictée par la Nature elle-même, se trouvant, de plus, décidée par une forme très marquée de Gouvernement, ayant, par conséquent, pour nouvel appui

---

(*a*) J'ai cité deux fois la révocation du statut, qui abandonnoit au Roi la puissance législative, afin de faire voir les ressources de la Constitution pour le maintien de la liberté; je citerai actuellement, en preuve de celles qu'elle a pour le maintien du pouvoir exécuteur des loix, la révocation, arrivée *sous* Charles second, des statuts ou résolutions, qui, pendant la révolution qui avoit précédé, l'avoient réduit à être totalement précaire. Par Statut 13. C. II. c. 1. il a été défendu, sous la peine d'un *præmunire*, d'affirmer que l'une des Chambres du Parlement, ou toutes deux, ont, sans le concours du Roi, la puissance législative. Par le St. 16. Car. II. c. 1. on abrogea l'Acte qui ordonnoit qu'à défaut par le Roi d'assembler un Parlement, une fois *au* moins dans trois ans, les Pairs devroient expédier les *Writs* pour l'élection; & qu'en cas de négligence de leur part, les Constituans devroient s'assembler, d'eux-mêmes, pour élire un Parlement.

l'opinion, cette cauſe puiſſante qui maintient les Gouvernemens les plus abſurdes, ayant encore l'attachement d'une Nation éclairée, eſt une Conſtitution indélébile.

Les révolutions, malheur, au reſte, que le changement des mœurs rend toujours moins probable, la bouleverſeront, peut-être, encore une fois; mais les eſprits invités par la nature des choſes, & prévenus fortement en faveur d'une certaine forme, ſe raſſembleront toujours ſous elle ſous cette même forme. Quels que ſoient les événemens, on verra le Gouvernement compoſé d'un Chef unique, d'une aſſemblée d'hommes revêtus d'une dignité perſonnelle, & des repréſentans du grand nombre, ſe reproduire avec conſtance; ſemblable à ces corps ſolides, qui peuvent céder à l'action d'un diſſolvant, mais qui ſe rétabliſſent toujours ſous une forme inaltérable, qui eſt celle de leurs particules élémentaires.

La liberté, elle-même, pourra auſſi varier & ſouffrir des diminutions: il pourra ſe former, dans le ſein de la Conſtitution, des combinaiſons accidentelles, & dont les maux imprévus, mais toujours ſuſceptibles d'être corrigés, ne pourront cependant l'être, que lorſqu'un ſentiment un peu long ne laiſſera plus de doute ſur leur exiſtence. Et, ſi j'étois appellé à dire mon avis à ce ſujet, je dirois, la liberté Angloiſe ſouffrira, lorſque l'épreuve des Jurés & la liberté de la preſſe ſeront attaqués; elle ſera nulle, lorſque les repréſentans du peuple acquerront du pouvoir exécutif.

CHAPITRE XXIV.

Ce que c'eſt que les diviſions qui ont lieu en Angleterre.

ENFIN, ce qui comble l'éloge dû au Gouvernement d'Angleterre, c'eſt que portant la liberté beaucoup au-delà de ce qu'ont pu faire les Gouvernemens qui ſe la propoſoient eſſentiellement pour objet, il a, encore, prévenu ce qui ſembloit en être les inconvéniens inévitables. Toutes ces haines de famille, ces diviſions durables, ces animoſités de partis, ces victoires alternatives & les violences qui en ſont la ſuite; en un mot, ces tributs que tous les Auteurs nous diſent qu'il faut payer pour la liberté, ſont, en Angleterre, des choſes inconnues; & la jouiſſance y en eſt pure & ſans déduction.

Par une ſuite de la réunion des forces actives de l'Etat, les ſeules diviſions qui puiſſent ſe manifeſter ne ſont que des diviſions d'opinion; les ſeuls moyens de victoire ſont la perſuaſion, la parole. Et, pour répéter ce que nous diſions dans un Chapitre précédent, la ſeule guerre qui puiſſe ſe faire, eſt une guerre de volontés & de nolontés.

Par une ſuite de ce que le Gouvernement eſt compoſé de peu de perſonnes, elles ſont conduites à ſe reſpecter elles-mêmes; ce qui n'eſt autre choſe qu'éviter ce qu'on conçoit pouvoir faire perdre le reſpect des autres; & cela acheve d'ôter aux divisions, ou, plutôt, aux oppositions, lorsqu'elles existent, tout ce qu'elles peuvent avoir de fâcheux.

Ainsi, le Roi, quoique gardant le style de sa dignité, ne s'adresse jamais aux deux Chambres qu'avec des expressions ménagées, même affectueuses; & il ne s'oppose à leurs bills qu'en disant qu'il s'*avisera*; ce qui est certainement plus doux que le mot *Veto*.

Les deux Chambres, elles-mêmes, quoique très jalouses, chacune dans son enceinte, de la *liberté de la parole*, sont, d'un autre côté, extrêmement soigneuses que cette liberté ne se répande jamais en expressions peu mesurées, quand il est question du Roi (*a*). C'est, même, une regle exactement observée de ne jamais le nommer, lorsqu'il s'agit de blâmer l'administration; & les diverses choses qu'on peut avoir à reprendre, même dans les déclarations que le Roi fait en personne, & qui sont des actes clairement émanés de sa volonté, ne sont jamais que les fautes des Ministres, ou, en général, de ceux qui l'ont *avisé*.

Les deux Chambres sont, encore, également attentives à ce qu'on ne manque point chez elles aux égards qu'elles se doivent réciproquement: les exem-

(*a*) Un membre de la Chambre des Communes fut envoyé à la Tour, sous George premier, par ordre de la Chambre, pour avoir dit que la déclaration du Roi au Parlement, sembloit plutôt calculée pour le méridien de l'Allemagne, que pour celui de la grande Bretagne.

ples de méſintelligence entr'elles ſont très rares, & étoient plutôt de ſimples mal-entendus. Pour prévenir, même, tout ſujet d'altercation, l'uſage eſt que lorſque l'une des Chambres refuſe de conſentir à un bill préſenté par l'autre, il ne ſe fait point de déclaration de ce refus; & la Chambre, dont le bill eſt rejetté, n'en apprend le ſort que, parce qu'elle n'en entend plus parler, ou, par ce que ſes Membres en apprennent comme particuliers (*a*).

Dans chaque Chambre, chacun obſerve, dans la chaleur du débat, de ne pas ſortir de certaines bornes; il ſeroit même, à cet égard, ſujet à l'animadverſion de la Chambre. Et même, comme la raiſon a indiqué aux hommes de ne ſe faire réciproquement, dans leurs guerres, aucun mal qui n'ait un but, il s'eſt introduit une ſorte de droit des gens, entre ceux qui ont part au Gouvernement: ils ont vu qu'ils pouvoient fort bien être de partis contraires, & ſe diſpenſer de ſe haïr & de ſe perſécuter. Au ſortir de diſcuſſions, même aſſez vivement ſoutenues, ils ſe retrouvent, ſans peine, dans le commerce de la vie; &, ceſſant toute hoſtilité, ils tiennent que tout lieu hors du Parlement eſt un terrein neutre.

J'ajouterai que l'extrême ſécurité où ſe voient chaque Corps & chaque particulier, au ſujet de

---

(*a*) Dans le langage ordinaire, on dit qu'un bill *a été perdu*, ou, *a mal réuſſi*, dans la *maiſon* des Pairs, ou dans celle des Communes.

leurs prérogatives, diminue beaucoup la vivacité de l'efprit de parti. Quelqu'intérêt que chacun prenne aux diverfes queftions, il ne fe décide, gueres, que par la maniére dont il les envifage lui-même, & fans s'attacher beaucoup à de certaines perfonnes. C'eft même, aujourd'hui, un mot ordinaire parmi les hommes d'Etat, de dire *les mefures & non pas les hommes* (*a*): principe qui, pour le dire en paffant, feroit d'une imprudence funefte, fi jamais le Pouvoir exécutif, qui eft maître de fes vues & qui varie fa marche à fon gré, pouvoit être regardé comme menaçant; mais qui, fi j'ofe en dire ma penfée, eft convenable, auffi longtems que ce même Pouvoir étant réduit dans de juftes bornes & n'ayant befoin que d'y être contenu, ce feroit altérer l'équilibre, que d'employer contre lui la reffource finale & puiffante de la confédération.

Enfin, le peuple n'étant jamais appellé à fe décider expreffément fur aucun objet, fe conferve plus dégagé, encore, d'efprit de parti, que fes députés ne le font eux-mêmes. Uniquement occupé du fpectacle des Puiffances du Gouvernement, il ne fe laiffe frapper d'aucun autre objet: quelque fermentation que puiffent exciter en lui certaines queftions, elle ne provient jamais que de fon intérêt pour la chofe même; & les mots, être du parti d'un tel ou d'un tel, font, en Angleterre, des mots abfolument inconnus.

Mais

(*a*) Meafures and not Men.

Mais n'y entend-t-on pas des plaintes continuelles contre l'Administration, & le Peuple Anglois ne donne-t-il pas l'idée d'un Peuple presque toujours mécontent ?

Sans doute, répondrai-je, dans une société d'Etres sujets à erreur, il faut qu'il s'éleve, de part ou d'autre, des plaintes ; & dans une société libre, ces plaintes seront entendues. Chacun, d'ailleurs, étant invité, en Angleterre, à donner son avis sur tout ; veiller sur l'administration & proposer des plaintes, étant la fonction spéciale des Députés du peuple, il faut bien qu'on y en entende, & même plus souvent qu'ailleurs.

Mais ces plaintes, qu'on y fasse attention, ne sont point le cri de l'oppression qui est forcée, enfin, d'éclater ; elles ne supposent pas des cœurs profondément ulcérés ; je dirai plus, elles ne supposent pas même toujours des sentimens bien décidés : elles ne sont souvent que l'essor que chacun donne à ses premieres idées.

Le mouvement des esprits, encore une fois, n'est donc pas, en Angleterre, ce qu'il pourroit être dans d'autres Etats ; il n'y est pas le symptôme d'une effervescence profonde & l'avant-coureur des éruptions. Prévenu, réglé, espéré même, par la Constitution, il anime toutes les parties de l'Etat, & n'y est que la vicissitude bienfaisante des saisons. La Puissance qui gouverne, dépendante de la Nation, mais en ayant au fonds tous les cœurs, est souvent contrariée, mais n'est jamais mise en danger : semblable à un arbre vigoureux & qui étend au loin son branchage, le plus léger souffle l'agite; mais elle déploye, à chaque instant, de nouvelles ressources, & résiste aux vents par la force & l'élasticité de ses fibres & la profondeur de ses racines (*a*).

En un mot, quelles que soient les révolutions du Gouvernement ou plutôt de l'Administration de l'Angleterre, elles n'y occasionnent jamais la plus légere cessation du pouvoir des loix ; pas même la plus petite vacillation de la sûreté particuliére. Un homme qui se seroit attiré les plus puissans ennemis; que dis-je? lors-même que, nouveau *Vatinius*, il réuniroit sur lui la détestation de tous les partis, pourroit, à l'abri des loix & en se tenant dans les bornes prescrites, braver toute la Nation.

Qu'il se soit, donc, trouvé des hommes qui, ayant toujours vécu dans des Etats différemment constitués, aient conçu des inquiétudes pour le Gouvernement de l'Angleterre; qu'ils aient cru, eux qui savoient que les Gouvernemens sont fondés sur l'opinion, qu'il n'en est aucun qui puisse soutenir les ébranlemens du *regne* de l'opinion, n'a rien que de naturel. Mais, se répandre en déclamations sur les orages de la liberté, peindre le Gouvernement de l'Angleterre comme plus agité que l'élément qui l'environne, ne peut être le propos que d'hommes qui veulent faire leur Cour ; & ne peut être répété que

(*a*) Elle pourroit craindre l'orage; mais il n'y a qu'elle, d'un autre côté, qui puisse l'exciter.

par d'autres qui ne favent les chofes que par ouï-dire, & n'en jugent que par leurs livres.

J'irai plus loin: ce n'eft pas la liberté, c'eft le defpotifme qui introduit un efprit de violence & d'anarchie.

Toute idée de convention entre celui qui commande & celui qui obéit étant bannie, les feules notions qu'on ait dans de tels Etats, font celles de crainte & non pas de devoir, de force & non pas de droit. Le bras de la Juftice ne fe montrant impitoyable qu'à cette claffe de Citoyens que leurs tentations, leurs befoins, même, rendent fi fouvent dignes d'excufe, & fléchiffant devant ceux qui n'ont en leur faveur que le nombre & la grandeur de leurs délits, elle n'y paroît avoir pour objet que les malheureux, & non les coupables.

Et fi, pour furcroît de malheur, cette Puiffance deftinée, non à la vengeance, mais à l'exemple, s'enveloppant dans la nuit du myftere & dérobant aux yeux fes principes & fa marche, ne s'annonçoit au public que par les coups qu'elle frappe, les idées, alors, fe brouillant abfolument, la Juftice ne paroîtroit aux hommes qu'une violence ajoutée à d'autres violences. Ils ne verroient plus les chofes de ce monde que comme un exercice du Droit ou même de la fantaifie du plus fort. La tyrannie devenant le caractere général, chacun, dans fa fphere, imiteroit des exemples qu'il prendroit pour être la regle. Le brigand même, le piftolet à la main, abuferoit, vis-à-vis du malheureux paffant, de l'inftant de sa puissance; & l'on pourroit voir une Nation remarquable par la douceur de ses mœurs, présenter le contraste étonnant de crimes multipliés, & de l'atrocité presque toujours jointe au crime.

Mais, dans un Etat qui présente sans cesse le spectacle de la puissance soumise au devoir; dans un Etat où les loix font la sûreté générale, & où chacun les aime, cherche à les connoître & les réclame sans cesse, il se façonne lui-même à leur empire; il pose, sans s'en douter, les principes dans lesquels il se trouvera un jour enveloppé. L'idée de la justice, s'établissant dans le fonds des cœurs, vient s'y faire entendre dans les instans où ils sembloient le plus lui être fermés; &, tel pourroit être l'effet de la liberté, c'est-à-dire, de la puissance universelle des loix, qu'on verroit une Nation, dont le caractere a de l'énergie, réunir le double avantage, & d'avoir le pouvoir judiciel le moins menaçant, & d'être la plus exempte de grands crimes.

C'est, encore, dans une société ainsi constituée qu'on peut voir les Citoyens en désirer efficacement le bien. Lorsque tout annonce que tout n'existe que pour la satisfaction de quelques-uns; lorsque ceux qui forment véritablement l'État sont réduits à contempler en silence leur mal-administration, leurs déprédations; chacun détourne les yeux d'un spectacle auquel il ne peut s'intéresser que par sa douleur, & arrachant de son cœur des sentimens qu'il n'y nourriroit que pour son tourment, se jette dans les bras de l'égoïsme. Lorsqu'au contraire, par l'arrangement des choſes, chaque Citoyen ſe regarde, en quelque façon, comme co-propriétaire de l'Etat, il fait de ſa proſpérité le ſujet de ſes vœux & de ſes méditations plus ou moins éclairées, & ſe diſpoſe par-là même à lui faire des ſacrifices.

Indépendamment d'une réunion contre les dangers extérieurs, il réſulte encore, au dedans, une bienveuillance générale. Celui qui, au milieu de tant de milliers d'Etres ſemblables à lui, ſe voit en ſûreté, indépendant, eſt bien convaincu que ce n'eſt pas à ſes propres forces qu'il doit de tels avantages. Sans haïr ce Pouvoir qu'on n'a décidé que pour le mieux régler, & qui eſt, d'ailleurs, la ſource de tant de bienfaits, il y voit, cependant, un ennemi puiſſant de ſa liberté : ſans s'aigrir contre des abus dont il ne faut pas être trop prompt à décider qu'on fut, ſoi-même, exempt, il ſouhaite qu'ils ſoient prévenus ; jettant les yeux autour de lui, il voit dans ſes Concitoyens tout autant de défenſeurs. Une confédération douce s'établit entre toutes les parties de l'Etat ; &, par un nouvel effet de la liberté, on voit de plus fréquens exemples de bienfaiſance que partout ailleurs, chez une Nation qui a le bonheur de la poſſéder (*a*).

(*a*) J'alléguerai, pour preuve de toutes ces choſes, la douceur de la Juſtice criminelle, en Angleterre, & l'eſprit qui regne dans les Tribunaux. La principale fonction que les Juriſconſultes aſſignent au Juge, eſt d'être le conſeil de l'accuſé ; & il la remplit d'autant mieux, que, par un nouvel avantage de *l'épreuve des Jurés*, la forme des interrogatoires n'intéreſſe point, comme ailleurs, ſon amour-propre à la condamnation du prévenu. On entend ſou-

Dans tout ce que j'ai dit de l'Angleterre, je n'ai point entendu, au reſte, que tout y fût bien : l'homme laborieux n'y évite pas toujours ſûrement l'indigence, & cela atteſte, tout au moins, des conſéquences vicieuſes de loix, d'ailleurs, convenables, ou même bonnes. Ce n'eſt pas du code des loix de l'Angleterre, quoiqu'il mérite des louanges, c'eſt de ſa Conſtitution que j'ai fait l'éloge ; c'eſt-à-dire, de la maniére dont le pouvoir s'y trouve diſtribué, de l'équilibre établi entre ſes diverſes parties & de leurs reſſources réciproques.

Bien différente de ces ſyſtêmes de Gouvernemens où, ajoutant des regles à des regles, ſans pourvoir à l'exécution, on ne fait qu'ajouter à la poſſibilité des abus, de ces ſyſtêmes où l'on donne des loix à ceux qui ſont gouvernés, & des avis à ceux qui gouvernent, ce ſont ceux-ci, au contraire, qu'elle a débuté par aſſujettir ; elle n'a pas commencé par faire

---

vent le Juge impoſer ſilence à un accuſé dont les propos vont prévenir les Jurés. On le voit encore, lorſque les choſes ſe décident à la conviction, ſuſpendant la délibération des Jurés, s'adreſſer à l'aſſiſtance, en diſant : *ne ſe trouve-t-il perſonne qui puiſſe dépoſer encore en faveur de cet infortuné* ?

Le pouvoir de faire grace eſt une *prérogative*, ſur laquelle tous les Juriſconſultes s'étendent avec complaiſance. Ce qui fait voir, ſurtout, l'eſprit général, c'eſt que la légiſlation a fait au Prince une obligation expreſſe de ſon exercice : le Parlement a inſéré, dans la plus ſolemnelle de ſes loix, que le Roi feroit exécuter la Juſtice *avec merci*. (Voyez le ſerment de Couronnement pag. 64.) Et l'exemption des peines n'eſt point en faveur de ceux qui la regardent, ailleurs, preſque comme un droit : les *graces* ne ſont que pour cette claſſe de Citoyens, en faveur deſquels les loix n'ont point encore fait tout ce qu'elles peuvent faire.

des loix, mais par en aſſurer l'exécution. S'élevant comme une enceinte ſolide & dans laquelle on peut, déſormais, édifier à coup ſûr, elle a encore les ineſtimables avantages de renfermer dans ſon ſein un pouvoir judiciaire qui touche à la perfection, & une légiſlation mobile: une légiſlation qui eſt l'organe du grand nombre, & dont les reſſorts moteurs ſont entre les mains d'hommes qui n'ont de voie pour ſe diſtinguer que de faire le bonheur du peuple.

C'eſt par de nouvelles exertions de ces mêmes cauſes, de ces cauſes qui ont fait de l'Angleterre la ſource de cette ſaine philoſophie qui éclaire aujourd'hui l'Europe, que l'on peut s'aſſurer de voir diſparoître les inconvéniens, dont quelques-uns même ſont grands, qui réſultent de quelques-unes de ſes loix actuelles. C'eſt d'un Gouvernement fondé ſur de tels principes, qu'il faut eſpérer le perfectionnement continuel du grand art de la *Société*. Profitant des inſtans du ſilence de l'intérêt particulier, les véritables Philoſophes, les amateurs de l'Humanité, aidés par l'intérêt général dont les effets ne ceſſent point, & par la louable ambition des uns, feront entendre leur voix: on verra, ſi jamais on peut eſpérer de le voir, le Droit de propriété, cette ſource féconde de biens & de maux, ſe diriger à ſes plus véritables fins, & ſe réaliſer, lentement à la vérité, car une Légiſlation ne doit jamais dévancer trop les progrès de l'*opinion*, mais ſe réaliſer peut-être, des choſes que les Auteurs qui en ont parlé n'ont jamais oſé préſenter que ſous la forme de romans.

L'éloge dû à la Constitution d'Angleterre, n'est donc pas, encore une fois, de n'avoir que des loix parfaites, mais de tendre fortement à n'en avoir que de telles; il n'est pas d'avoir toutes les bonnes loix possibles, mais que toutes s'exécutent: Constitution d'autant plus assurée de ses effets, qu'elle a pris les hommes comme ils sont, & n'a point cherché à tout prévenir, mais à tout régler. J'ajouterai, d'autant plus difficile à trouver, parce que, tandis que la forme en étoit compliquée, le principe en étoit simple. Aussi les Politiques de l'Antiquité, frappés des inconvéniens des Gouvernemens qu'ils avoient sous les yeux, en désiroient (*a*), sans en espérer, l'exécution; & Tacite, le meilleur juge de tous, la regardoit comme une chose chimérique (*b*). Et ce n'est pas parce qu'il n'y songeoit pas, ne s'en avisoit pas, qu'il pensoit ainsi; il la cherchoit, l'entrevoyoit, & la décidoit impossible.

Ne faisons donc pas honneur aux vues bornées de l'homme, à son obtuse sagacité, de la découverte de cet important secret: le monde eut pu vieillir & les générations s'entasser en le cherchant sans succès. C'est par un bonheur de circonstances, j'ajouterai, c'est favorisée par la position, que la liberté a pu enfin s'élever un Temple.

(*a*) *Statuo esse optimè constitutam rempublicam quæ ex tribus generibus illis, regali, optimo, & populari modicè confusa.* Cic. fragm.

(*b*) *Cunctas Nationes & Urbes, Populus, aut Priores, aut singuli, regunt. Delecta ex his & constituta reipublicæ forma laudari facilius quam evenire; vel, si evenit, haud diuturna esse potest.*

Invoquée de toutes parts, mais peu faite, ce semble, pour les sociétés que forme un être aussi imparfait que l'homme, elle se montra, autrefois, mais ne fit que se montrer, aux peuples ingénieux qui habitoient le midi de l'Europe. Ils se tromperent toujours dans la forme de leur culte; cherchant à porter partout la domination, la conquête, ils ne se tromperent pas moins dans l'esprit de ce même culte; & quoiqu'ils lui aient longtems adressé leurs vœux, elle ne fut gueres pour eux que la Déesse *inconnue.*

Exclue, depuis, de ces lieux qu'elle avoit semblé préférer, poussée jusques aux extrêmités de notre monde occidental, chassée même hors du Continent, elle s'est réfugiée dans la Mer Atlantique. C'est-là qu'à l'abri des commotions étrangéres & à la faveur d'un heureux préarrangement de choses, elle a développé la forme qui lui convenoit, & il lui a fallu six siecles pour achever son ouvrage.

Réfugiée comme dans une Citadelle, elle y regne sur une Nation d'autant plus digne de la posséder, qu'elle cherche à étendre son Empire, & porte partout, avec elle, l'égalité, l'industrie. Environnée, pour me servir des expressions de Chamberlayne (a), d'un profond fossé qui est l'Océan, entourée d'ouvrages extérieurs qui sont ses vaisseaux, & défendue par le courage de ses matelots, elle conserve ce secret important au genre humain, ce feu sacré, si difficile

---

(a) *State of Great Britain.*

à être allumé, & qui, s'il s'éteignoit, ne le sauroit peut-être plus. Lorsque les conquérans auront bouleversé la terre, elle enseignera, de nouveau, aux hommes, non-seulement le principe qui doit les unir, mais, ce qui n'est pas moins important, la forme sous laquelle il faut qu'ils se rassemblent. Et le Philosophe, lorsqu'il réfléchit aux causes puissantes qui font du despotisme, le résultat presque nécessaire des Sociétés, & que l'homme n'obéit à l'instinct qui le porte à se rapprocher de son semblable, que pour se trouver enveloppé presque sans remede, se rassure en voyant que la LIBERTÉ a manifesté son secret, & trouvé enfin un asyle.

FIN.

TABLE
DES
CHAPITRES.

www.ingramcontent.com/pod-product-compliance
Ingram Content Group UK Ltd.
Pitfield, Milton Keynes, MK11 3LW, UK
UKHW012022240726
13965UKWH00002B/523